LAURA ASHLEY

Kinderzimmer

LAURA ASHLEY

Kinderzimmer

Höhle oder Himmelbett –
Kinder wollen anders wohnen

JOANNA COPESTICK

Photokreationen von Lucinda Symons
Übertragung aus dem Englischen: Marianne Menzel

BUSSE SEEWALD

Englische Originalausgabe:

Laura Ashley – Decorating Children's Rooms
ISBN 0-09-180774-3
Ebury Press
Random House
20 Vauxhall Bridge Road
London SW1V 2SA

Mitarbeiter:
Alison Wormleighton (Lektorat)
Christine Wood (Gestaltung)
Lucinda Symons (Spezialfotografie)
Luca Elworthy (Styling)
Kate Simunek (Illustrationen)

Die Deutsche Bibliothek – CIP-Einheitsaufnahme

Laura Ashley – Kinderzimmer : Höhle oder Himmelbett –
Kinder wollen anders wohnen / Joanna Copestick.
Photokreationen von Lucinda Symons. Übertr. aus dem Engl.:
Marianne Menzel. – Herford : Busse Seewald, 1998
Einheitssacht.: Laura Ashley – decorating children's rooms <dt.>
ISBN 3-512-03175-7

Deutsche Ausgabe:

Übersetzung: Marianne Menzel
Lektorat: Dieter Erb
Satz: BusseDruck, Herford
Druck und Buchbinderei: Butler and Tanner Ltd., Frome, Somerset

ISBN 3-512-03175-7

Inhalt

Einleitung

Die Familie und das Zuhause waren zwei wichtige Bezugspunkte im Leben von Laura Ashley. Da sie vier Kinder hatte, war die Einrichtung von Kinderzimmern immer ein wichtiges Thema, und viktorianische Kinderzimmer waren ihr großes Vorbild. Laura Ashley liebte traditionelle Räume, die seit alters her zum Haus gehörten, in denen schon Generationen von Kindern geschlafen, gespielt und gelernt hatten. Viele geblümte Stoffe und Tapeten von Laura Ashley, wie in dem rosa Mädchenschlafzimmer (Seite 82–83), passen ideal zu diesem nostalgischen Stil.

Heute ändern sich die Lebensgewohnheiten der Kinder und Teenager schnell, eine Entwicklung, die von den Entwürfen von Laura Ashley Mother & Child Prints berücksichtigt werden. Ein Kinderzimmer muß heute nicht nur praktisch und bequem eingerichtet sein, es soll auch ein freundliches Ambiente für kreatives Spielen und Lernen bieten. Bordüren und Friese bringen viele verschiedene Themen in die Kollektion. Diese Bildwelten finden sich immer wieder auf Stoffen und Tapeten und sind so entworfen, dass sie ganze Geschichten erzählen. Dazu gibt es eine Kollektion von Stoffen und Tapeten mit einfachen Mustern wie bunten Tupfen, oder Baumwollstoffe in Pastellfarben und mit Streifen. Alles ist aufeinander abgestimmt, was es Ihnen ermöglicht, ein harmonisches Konzept für die Einrichtung zu entwickeln. So traditionell die Themen dieses Buches sind, so zeitgemäß sind die meisten Räume eingerichtet – bunt und fröhlich oder auch als Wohnwelt voll Phantasie.

Dieses Buch enthält eine Fülle von Ideen für die Einrichtung und Dekoration ganz verschiedener Kinderzimmer. Dazu gehören 25 nützliche Schritt-für-Schritt-Anleitungen, bei denen Kinder manchmal mitarbeiten können. So finden Sie hier nicht nur Anregungen, wie das neue Baby gut schlafen kann, sondern auch Ideen für die Zimmer herangewachsener Kinder – vom Krabbelalter bis zum Teenager.

Fröhlich bunte Bordüren können zum Ausgangspunkt für ein einheitliches Dekorationsschema werden. Die saphirblaue Ginghamtapete bildet den perfekten Hintergrund für gelbe und chambrayblaue Farben. Stoffpuppen und Bauklötze wiederholen sich auf dem Vorhangstoff und der Tapetenbordüre, die so aussieht wie ein echtes Buchregal im Kinderzimmer.

FAMOUS FOOTBALLERS
BOOK OF NUMBERS
PICTURE BOOK
TEDDY TRUCK

Die richtige Planung

Einen Raum für die ständig wechselnden Ansprüche von Kindern zu gestalten ist selbst für engagierte Innenarchitekten eine Herausforderung, da Kinder zuweilen eigenwillige Vorlieben und Ideen haben. Wenn man sich jedoch darauf konzentriert, einen Raum zu gestalten, der ein sicheres Refugium sein kann, voller Abwechslung und Anregung im Hinblick auf Farben, Muster, Spielzeug und Bücher, wird man für Generationen von Kindern einen Ambiente schaffen, in dem sie gerne leben und spielen.

Das Kinderzimmer ist der einzige Platz in Ihrem Haus, wo Sie sicher sein können, dass originelle Ideen Erfolg haben. Wände mit kühnen Farbkombinationen, Bildbordüren, bunt bemalte Möbel und Dielenböden sind nur einige der Möglichkeiten, mit denen man lebhafte Farben und ein sinnvolles Schema verbinden kann. Es ist auch der Beginn einer ästhetischen Erziehung, die das Kind anregen kann, die vielen Möglichkeiten von Farben, Mustern und Texturen kennenzulernen – eine gute Voraussetzung in unserem Zeitalter der übermächtigen Bilder.

Stoffe prägen den Eindruck dieses weiblichen Zimmers. Das malerisch-bunte Rautenmuster der Bettdecke erinnert an einen Quilt. Es wird kontrastiert von weiß-rosa gestreiften Bettvorhängen. Jungmädchenträume spiegeln sich in den Ballettszenen der Tapetenbordüre. Ein Alkoven ist gemütlich und spart gleichzeitig Platz.

Geschichte des Kinderzimmers

Die Zeiten, da Kinder weit weg von den elterlichen Zimmern unter das Dach verbannt wurden und man von ihnen nichts sehen oder hören durfte, sind glücklicherweise vorbei. Trotzdem lebt das nostalgische Bild eines viktorianischen Kinderzimmers mit traditionellem Spielzeug bei vielen Eltern fort. Es entwickelte sich im späten 19. Jahrhundert, als man begann, sich für die Einrichtung und Dekoration von Kinderzimmern zu interessieren – obwohl die Räume damals nicht so bunt und phantasievoll gestaltet waren wie heute. Ein typisch viktorianisches Kinderzimmer enthielt gewöhnlich einen großen Schrank für Spielzeug, einen runden Tisch in der Mitte, an dem die Kinder essen konnten und eine einfache Kochmöglichkeit. Die Tapeten an den Wänden waren schlicht gemustert oder eher dunkel und zum Schutz vor schmutzigen Kinderfingern lackiert. Manchmal hingen ein paar Bilder an der Wand. Die meist alten Möbel waren oft weiß angestrichen, damit das Zimmer einheitlich wirkte.

Farbe, Inspiration und ein bunter Reigen von Kinderliederfiguren zeigen, dass Komfort und Möbel in modernen Kinderzimmern die klassische Tradition mit Charme wahren.

Wenn die Einrichtung eigens für das Kinderzimmer entworfen war, gehörte ein Kinderwagen aus Korb und Holz dazu, eine Wiege oder ein Kinderbett, in wohlhabenderen Häusern ein stabiles Schaukelpferd, ein kleiner Waschständer, ein Laufställchen aus Weidengeflecht und ein Rohrstuhl. Nach und nach wurde dieses Zimmer zu einem friedlichen Ort zum Arbeiten, Ausruhen und Spielen, in dem oft mehrere Kinder wie in einem Mikrokosmos der Erwachsenenwelt aufwuchsen.

So wie aus dem schlichten Wandschmuck immer stärker gemusterte Tapeten wurden, so entwickelten sich die Spielsachen von einfachen Holztieren und Stoffpuppen zu einer kunstvoll geschnitzten Arche Noah (die Spielsachen dienten also gleichzeitig zum Spielen und Lernen), bemalten Bausteinen, zauberhaften Puppenhäusern, liebevoll modellierten und angezogenen Porzellanpuppen oder Kreiseln. Auch Bücher waren immer dabei. Es sind dieselben Grundelemente, die auch heute ein Kinderzimmer ausmachen – die einzigen Konzessionen an moderne Bedürfnisse sind vielleicht ein Dimmer und ein Wecker. Sonst hat der zeitlose Charme von Holzspielzeug, traditionellen Möbeln und einfacher Einrichtung seine Anziehungskraft behalten.

Zusätzlich zu diesen beliebten »Klassikern« müssen moderne Kinderzimmer noch viele andere Funktionen erfüllen, denn sie sollen eine anregende und vergnügliche Umgebung sein, in der die Kinder sich voll entfalten können. Ein Kinderzimmer dient vielen Zwecken: Schlafen, Spielen, Arbeiten und auch als persönlicher Freiraum. Eine Vielzahl von Spielsachen, ein Computer, Musikinstrumente, Kleidung, ein Sitzplatz und ein Schreibtisch müssen Platz finden.

Der Hauptunterschied zwischen einem modernen und einem viktorianischen Haushalt liegt darin, dass Kinder nicht mehr so viel Zeit in ihren Zimmern verbringen. Ein modernes Kinderzimmer ist ein eher privater Raum, in dem man sich zurückziehen kann, wenn man spielen, nachdenken oder dem turbulenten Familienleben entfliehen will. Kinder teilen heute das ganze Haus mit ihren Eltern, vor allem Wohnzimmer und Küche, die sie manchmal sogar völlig mit ihren Sachen – oder ihren Freunden – in Beschlag nehmen können.

Planung des Raums

Das Geheimnis, ein Kinderzimmer so einzurichten, dass es viele Jahre ein geliebter Raum bleibt, liegt in der Flexibilität von Gestaltung und Mobiliar, die es ermöglicht, den Raum der Entwicklung des Kindes anzupassen. Es ist also gut, das Zimmer mit Blick in die Zukunft zu planen, wenn man nicht ständig alles ändern will. Hat man einmal den Stil der Einrichtung festgelegt, sei es altes Fichtenholz, bemaltes neues Holz, Hartfaserplatten oder Laminat, kann man etwas mutiger werden, wenn es um die Dekoration von Wänden, Fenstern und Fußboden geht.

Bedenken Sie zuerst Größe und Grundriss des Zimmers und wie viele Kinder wahrscheinlich darin wohnen sollen, denn das bestimmt die Art der Möbel, die in den nächsten Jahren anzuschaffen sind. Die Dekoration hängt von den Möbeln ab, und davon, ob das Zimmer für ein Kind oder mehrere gedacht ist, für Jungen oder Mädchen. Wenn der Platz knapp ist oder Geschwister im Alter dicht beieinander sind, kann man sich für ein gemeinsames Schlafzimmer entscheiden, dessen Komfort und Sicherheit kleinere Kinder schätzen. Wenn die Kinder jedoch älter werden, und vor allem bei Teenagern, ist es wichtig, dass jedes Kind einen Teil des Raumes für sich hat.

Sorgen Sie dafür, dass genügend elektrische Anschlüsse im Raum sind, zunächst für Lampen, später für Computer, Fernsehgeräte und Stereoanlagen. Man kann nie genug Steckdosen haben.

Sorgen Sie für Platz für Kleidung und Spielsachen. Eine Einrichtung mit freistehenden Schränken ist variabel, Nischen eignen sich für einen Einbauschrank oder Regale.

Überlegen Sie, ob Sie einen besonderen Blickfang schaffen wollen, vielleicht mit einem Kamin, einem Alkoven oder Erkerfenstern. Den Platz in einem alten, unbenutzten Kamin kann man zum Aufbewahren von Spielzeug nutzen, auch ein Minitisch mit kleinen Stühlen hat dort Platz, eine aufklappbare Sitzbank im Erkerfenster bietet zusätzlichen Stauraum. Kinder lieben Nischen und Winkel, in denen sie sich verstecken und in ihrer Traumwelt spielen können. Dafür eignen sich auch tote Ecken oder ein ausrangierter Schrank.

Farbige Wände und Fußböden

Kinder lieben leuchtende Farben und bunte Muster. Lassen Sie also Ihre Phantasie spielen und schaffen Sie einen hellen, freundlichen und lustigen Raum mit großen Farbflächen an den Wänden, unterbrochen von lebhaften Bordüren, bemalten Holzpaneelen oder selbst entworfenen Streifen.

Sie könnten es auch mit einem einfachen Wandgemälde versuchen. Entwerfen Sie Bilder, die zum Raum passen, vielleicht Teddybären oder Enten, und übertragen Sie die Vorlage mit Millimeterpapier.

Lebhafte Farbwirkungen kann man auch erzielen, wenn man die Wand horizontal in zwei Hälften teilt und in zwei stark kontrastierenden Farben streicht, etwa oben Primelgelb und unten in pudrigem Blau. Die beiden Farben trennt man mit einer geraden Linie, die durch den ganzen Raum verläuft; vielleicht versuchen Sie es mit einer Wellenlinie, Zickzack oder einem aufwärts weisenden Zinnenmotiv. Markieren Sie Ihr Muster vorher mit Bleistift und Stahllineal und überkleben Sie dann den Rand, bevor Sie die zweite Farbe aufstreichen. Dies sind einfache, aber wirkungsvolle Möglichkeiten, ein Zimmer farblich zu gliedern.

Falls das Kind später das Muster nicht mehr leiden kann, können Sie einfach eine Papierbordüre darüber kleben, oder eine Wandhälfte überstreichen. Um ein Farbschema zu betonen, können Sie bunte Rahmen um Bilder malen oder auch farblich abgestimmte kleine Regale an der Wand aufhängen.

Für Kinder, die gerne zeichnen und malen, wird unten an der Wand eine Hartfaserplatte befestigt und mit Wandtafelfarbe gestrichen – ideal zum Krakeln und gleichzeitig ein ständig wechselnder Blickpunkt im Zimmer. Eine Tafel kann man auch an der Rückseite freistehender Bücherregale anbringen, die so zu Raumteilern werden. Zwei im rechten Winkel gestellte Regale, die wie Wände mit einem eigenen Eingang wirken, werden zu einer abgetrennten Leseecke, eingerichtet mit kleinen Holzstühlen, einem runden Tischchen und einem Weidenkorb, in dem große Bilderbücher Platz finden. Befestigen Sie entlang der Wand Haken, die Kinder gut erreichen können, und hängen daran mit farbiger Schnur oder Bast kleine Bücher und Stoffbeutel. Gibt es einen besseren Weg, Kindern Lust auf Bücher zu machen? Oder verwandeln Sie den Raum in einen Laden – auf die

Tafel kann dann gemalt werden, was es zu kaufen gibt: Obst, Gemüse, Kleider oder Spielzeug.

Der Fußboden muß nicht vollständig mit einem Teppich ausgelegt werden – behandeln Sie ihn einfach wie eine leere Leinwand, auf die man dekorative Muster malen kann.

Für die größeren Kinder ist es ein Spaß, bei einem zweifarbigen Schachbrett- oder Zickzackmuster mitzuarbeiten. Für Kleinkinder können Sie einfache Motive wie Punkte, Streifen oder Tiere entwerfen und mit Schablonen aufmalen.

Sorgen Sie im Winter mit einem zusätzlichen, ausreichend großen Flickenteppich oder einer bunt gemusterten Decke für gemütliche Wärme. Oder verwandeln Sie den Fußboden mit einem aufgemalten Himmel-und-Hölle-Spiel oder einem Damebrett kurzerhand in einen Spielplatz.

Auch Kokos, Sisal oder Seegrasmatten sind belastbar und dauerhaft und daher für Kinderzimmer geeignet, wegen ihrer rauen Struktur allerdings nicht für Krabbelkinder. Korkplatten sind eine gute Wahl, da sie relativ preiswert, leicht zu reinigen und fußwarm sind. Ein Teppich in freundlichen Farben steigert die angestrebte Wirkung.

Versuchen Sie, ein ausreichend großes Stück Fußboden frei zu lassen. Kinder brauchen viel Platz zum Spielen, für ein Puppenhaus, für Körbe mit kleinerem Spielzeug, große Puzzles oder Holzbausteine.

Punkte, Streifen und Kindermotive verbinden sich zu einem stimmigen Dekorationskonzept, das auf den klassischen Kinderzimmerfarben Saphirblau und Mohnrot basiert. Das Muschelmotiv an Rollo und Kissenvolants läßt harte Kanten weicher wirken und zieht die Blicke an.

Dekorieren mit Stoff

Stoffe sind der Schlüssel, um Struktur und Farbe in ein Kinderzimmer zu bringen. Sie werden das Zimmer nicht in Wogen von kunstvoll drapiertem Tüll ertränken wollen – was sich ohnehin spätestens dann von selbst erledigt, wenn Ihr Kind mit drei Jahren, wild entschlossen wie ein kleiner Erwachsener, ein Wirbelwind an Energie sein wird. Wählen Sie für den Anfang einen »erwachsenen« Stoff, kariert, gestreift oder kleingeblümt. Für Kissen, Bettbezüge, Rollos und Drapierungen eignen sich kindliche Dessins mit Enten, Teddybären, Zirkusclowns oder Märchenfiguren. So brauchen Sie nur alle paar Jahre ein paar kleinere Teile zu erneuern, während die Grundausstattung – Vorhänge, Polster, Kissen und Bettwäsche – einige Jahre hält.

Oft sind es ganz kleine Details einer Einrichtung, an die Kinder sich noch lange erinnern, nachdem sie ihr erstes Zimmer verlassen haben. Nähen Sie aus einem hübschen Dekorationsstoff verschiedene, mit einer Kordel zugeschnürte Beutel und hängen sie an Holzhaken, um darin Spielzeug, Bausteine, Haarschleifen und anderen Krimskrams aufzuheben. Machen Sie daraus ein bezauberndes Nachthemd oder einen Pyjamabeutel in Tierform. Füttern Sie große Weidenkörbe mit Gingham aus, um darin Spielsachen aufzuheben. Hängen Sie selbst genähte Stoffrollos vor offene Regale, sie erfüllen den doppelten Zweck, vor Staub zu schützen und Spielzeug zu verbergen, das dann nach einiger Zeit überraschend neu wirkt.

Alte Stoffreste, ein seidenes Abendkleid oder Flicken können zu einer Patchworkdecke, zu einem Wandbehang oder Beuteln verarbeitet werden. Aus geblümten, getüpfelten oder einfarbigen Stoffresten nähen Sie einfache Stofftiere.

Alle Mädchen, ganz gleich wie emanzipiert ihre Eltern sind, scheinen durch eine »Rosaphase« zu gehen, die mehrere Jahre anhalten kann. Sie träumen dann von einem rosa Märchenreich, in dem sie Prinzessin spielen können – also kommen Sie wohl nicht umhin, das Bett mit rosa Organza zu drapieren oder Spitzenbettwäsche zu kaufen. Auf Seite 83 finden Sie ein rosa Zimmer für die Traumprinzessin.

Trotz aller Unterschiede im Verhalten von Mädchen und Jungen treibt eine ähnliche Entwicklung alle Jungen dazu – auch wenn Sie Spielzeugwaffen verbieten, sich Schwerter und Dolche aus Pappe und Zeitungspapier zu basteln. Ihr Herzenswunsch wäre ein Raum, der einer Piratenhöhle gleicht oder wenigstens einem Boot – also stellen Sie sich darauf ein, Ösen in Meter von Segeltuch zu schlagen, segelähnliche Gebilde an den Bettpfosten zu vertäuen oder Schatzkisten auszustatten.

Natürlich gibt es keinen Grund, die Kinder übermäßig zu verwöhnen, wenn sie in diese Phase kommen. Ein malerisch drapierter Betthimmel reicht meist, um romantische Mädchenträume zu erfüllen, während es bei Jungen eine einfache neue Schatzkiste, ein passables Schiffsmodell und eine Piratenflagge tut.

Trotzdem macht es unglaublich viel Freude, ein Kinderzimmer komplett zu entwerfen. Die Kinderjahre gehen so schnell vorbei, und oft

sind es selbst geschreinerte Betten und Spielhäuser, liebevoll genähte Quilts, Puppenhausmöbel oder bemalte Schachteln, die Kinder ihr Leben lang nicht vergessen, sie sind wie ein Talisman, der an die Liebe der Eltern erinnert.

Lustige Kabinen mit Zirkusdächern und primelgelb gestreifte Tapeten und Vorhänge sorgen für gute Laune. Die Streifen wiederholen sich bei den Kabinen, die Clowns auf der Bordüre nehmen das Zirkusthema wieder auf. Die Knöpfe an den Vorhangschlaufen sind farblich mit denen an der Kommode abgestimmt.

Betten, Schränke und Regale

Das Bett ist das wichtigste Möbel, das man für ein Schlafzimmer anschaffen wird. Für Kinderzimmer ist es sogar noch wichtiger, denn Kinder sollen nachts bequem und sicher schlafen und keine Rückenprobleme bekommen.

Wenn das Kind mit etwa zwei Jahren dem Babybett entwachsen ist, können Sie das Nützliche mit dem Schönen verbinden und ein zur Umgebung passendes Bett auswählen. Antike Kastenbetten sind ideal für kleinere Kinder, da die Bettkanten an den Enden leicht hochstehen und sie daher nachts nicht herausfallen können. Weidenkörbe unter dem Bett bieten zusätzlichen Stauraum. Moderne Kiefernholzbetten haben unter dem Bettrahmen oft große Schubladen auf Rollen.

Ein schön drapiertes Vierpfostenbett ist der Mittelpunkt des Raums, zeitlos mit Blumenmustern in Rosa und Creme dekoriert. Mit nostalgischen Details und schlichten Rüschen werden Jungmädchenträume Wirklichkeit.

Variabel und praktisch sind Etagenbetten und hohe Betten, die man so einbauen kann, dass darunter ein Tisch oder Regale stehen. Mit einem farbigen Anstrich werden sie dekorativer und dem Stil des Raumes angepasst.

Jetzt ist auch die Gelegenheit, Bettwäsche auszuwählen, die zum Stil des Zimmers passt. Zusätzliche Kissen, Polster oder Quilts sorgen für eine einheitliche Wirkung oder betonen ein Thema der Einrichtung.

Wenn Vorschulkinder in die Phase kommen, da jeder bewegliche Gegenstand mit Comicfiguren beklebt sein muß, kann man sich auf einen Kissenbezug oder eine Tagesdecke einigen. Bleiben Sie jedoch hart bei der Bettwäsche – mit Schlafanzügen, Nachthemden und Hausschuhen können Sie dafür umso nachgiebiger sein!

Kinderkleider und Spielzeug haben ihren eigenen dekorativen Charme, den Sie nutzen können, indem Sie die Sachen von ihrer besten Seite zeigen. Hängen Sie Babykleidchen auf kleine Bügel an besondere Haken, und dazwischen Reihen von Hüten, Haarschleifen, Täschchen und Marionetten. Ändern Sie diese Dekoration regelmäßig, damit das Baby immer eine andere Aussicht hat.

Die nützlichsten Möbel für Kleidung und Bettwäsche sind Schränke und Truhen. Eine stabile alte Kommode kann ein Kind über viele Jahre heranwachsen sehen. Mit freistehenden Schränken sind Sie variabler als mit eingebauten, wenn Sie das Zimmer neu einrichten wollen, falls andere Kinder dazukommen oder wenn Sie den Übergang von einem Alter in das nächste auch mit einer veränderten Einrichtung betonen wollen. Mit einer eingebauten Schrankwand hat man die beste Platzausnutzung, und man kann den Raumeindruck durch neue Türen oder andere Farben ändern.

Bemalte Möbel sind ein wichtiger Aktivposten im Kinderzimmer. Kommoden und Regale, die einst bessere Zeiten gesehen haben, können sich mit einem zweifachen Anstrich wundersam verwandeln. Nehmen Sie wasserlösliche Farben in kontrastierenden Tönen, mit denen die Oberfläche sanft patiniert wirkt.

Man kann zusätzlich ausgeschnittene Bilder aufkleben oder Muster mit Schablonen aufmalen. Einige repräsentative Beispiele dafür finden Sie im Schlafzimmer der kleinen Prinzessin (Seite 84).

Je interessanter und vielgestaltiger Sie Schränke und Ablagen gestalten, umso lieber werden die Kinder ihre Sachen aufräumen. Es macht viel mehr Spaß, Kleider ordentlich in einen bunten Korb oder in eine bemalte Spielkiste zu legen als die Sachen in einen schon vollen Schrank oder in offene Regale mit allem möglichen Krimskrams zu stopfen. In Körben läßt sich auch grellbuntes Plastikspielzeug ohne Nervenkrise besser ertragen.

Wandschirme sind eine weitere gute Möglichkeit, häßliche Ecken zuzustellen oder einen Raum, den zwei Kinder bewohnen, zu teilen. Trennen Sie damit bestimmte Zonen ab oder nutzen Sie einfach nur die dekorative Wirkung.

Man kann solche Raumteiler mit Wandtafelfarbe anstreichen oder mit Kork bekleben und als freistehende Pinnwand benutzen. Man kann sie aber auch mit Stoff beziehen, der zu den Vorhängen und Polstermöbeln passt. Sie können auch kleine Haken anbringen, an denen man Beutel oder Kleider aufhängt und so eine zusätzliche Garderobe gewinnt.

Die richtige Beleuchtung

Wenn man eine Zimmereinrichtung plant, denkt man oft erst im letzten Moment an die Beleuchtung – dabei ist gutes Licht von überragender Bedeutung. Kinderzimmer bilden da keine Ausnahme, sie erfordern sogar mehr Flexibilität und stellen größere Anforderungen an die Sicherheit als jeder andere Raum im Haus. Grundvoraussetzung ist ein Schalter, den man dimmen kann. Gerade bei Babys muß man das Licht regulieren können, und auch später wollen Sie gucken, ob die Kinder wirklich schlafen, bevor Sie selber zu Bett gehen.

Für größere Kinder braucht man eine Wand- oder Nachttischlampe zum Lesen. Selbstverständlich sollten keine Kabel frei liegen. Lampenschirme, die es in großer Auswahl gibt, und Deckenbeleuchtung werden Kinder gerne mit aussuchen. Nachtlichter sind nützlich bei Babys und auch bei größeren Kindern, die ungern im Dunklen einschlafen.

Traditionelles Spielzeug

Bemalte Holzspielsachen halten ein Leben lang und strahlen – im Gegensatz zu billiger Massenware – nostalgische Vertrautheit aus. Nichts kann mit dem zeitlosen Charme eines bunt lackierten hölzernen Schaukelpferdes rivalisieren, oder mit einer Watschelente auf Rädern, einem kleinen bemalten Karussell, alten Holzklötzen oder einem Puppenhaus, dessen Gebrauchsspuren Beweis für viele glückliche Kinderstunden sind.

Kinder bevorzugen helle Grundfarben, aber sie lieben auch natürliche Oberflächen – die taktilen Eigenschaften von Holz sind Plastik weit überlegen. Bemaltes Holzspielzeug wird von Generation zu Generation weitervererbt und ist der schönste Schmuck für ein Kinderzimmer – also nutzen Sie es auch als Dekoration. Komponieren Sie ein Stillleben mit Holzspielzeug und Stoffpuppen auf einem kleinen Korbsofa oder lassen sie paarweise auf einem bunten Regal Parade stehen.

Ein anderer beliebter Besitz von Kindern ist die Kramkiste. Gebeizt, bunt lackiert oder mit Schablonen bemalt ist sie eine wahre Schatztruhe für Krimskrams, Kleider, Hüte, Stoffreste, Luftschlangen oder Zauberstäbe. Die Bedeutung kreativen Spielens für die kindliche Entwicklung ist ein Lieblingsthema von Kinderpsychologen. Neuere Forschungen belegen, dass phantasievolle Kinder lernfähiger sind und dem Auf und Ab des Lebens ausgeglichener begegnen.

Psychologie beiseite – es ist faszinierend, zuzusehen, wie Kinder in ihren Spielwelten aufgehen, wie sie mit staunender Freude ganz banale Gegenstände in Fabelwesen ihrer Phantasie verwandeln. Auch Erwachsene können inspiriert werden, wenn sie sehen, wie ein Bett mit Kissen

und Laken zu einer stolz im Wind segelnde Galeone oder einer Ritterburg wird. Diese Art von Rollenspielen ist so zeitlos wie vergnüglich, frei und gleichzeitig bildend. Der Teppich mag für Sie ein nützlicher Einrichtungsgegenstand sein, für Kinder kann er sich in einen gefährlichen Sumpf verwandeln, in dem es von Krokodilen wimmelt. Nur in einem Raum, in dem sich die Kinder wirklich wohl fühlen, können sie ihre Phantasie entfalten – nirgendwo sonst sind Feen und Geister so lebendig.

Ermutigen Sie solche Spiele, indem Sie für ein paar einfache Requisiten sorgen – Bodenkissen, verschlissene Laken, in die Sie Gucklöcher geschnitten haben, als Gespenster- und Monsterkostüm, alte Hüte für einen schnellen Rollenwechsel. Vergessen Sie nicht, dass auch ganz normale Haushaltsgeräte wie Eimer und Pappkartons, Besen oder ein Mop zu wichtigen Requisiten für kühne Abenteurer oder schöne Prinzessinnen in höchster Gefahr werden können.

Ein im Kern viktorianisches Kinderzimmer, das von Stoffen in zarten Rosatönen für Vorhänge und Polster geprägt ist. Der einfache bemalte Dielenboden mit einem klassischen Teppich ist ideal für traditionelles Spielzeug.

BABAR
ET SES ENFANTS

Zimmer mit Variationen

Wenn man ein Zimmer für das neue Baby plant, ist es zunächst schwer, an mehr als die erste Grundausstattung zu denken. Die Tatsache, dass man in irgendeiner fernen Zukunft einen Schreibtisch braucht, scheint unwichtig, wenn Windeln wechseln, Stillen und Füttern den Tageslauf beherrschen.

Trotzdem wäre es gut, voraus zu denken. Mit etwas Planung können Sie das Zimmer später den veränderten Bedürfnissen des Kindes anpassen und müssen nicht alles neu einrichten. Das ist nicht nur praktischer, sondern sichert auch Kontinuität über die Jahre des Heranwachsens.

Wände und Vorhänge müssen nicht unbedingt Babymuster haben, um in ein Kinderzimmer zu passen. Wählen Sie ein eher neutrales Design und schaffen Sie das kindgerechte Ambiente mit Bildern und Accessoires. Ähnlich können Möbel für verschiedene Ansprüche im Lauf der Jahre umfunktioniert werden, wie sie es in dem Zimmer auf den nächsten Seiten sehen werden. Es wird in drei verschiedenen Phasen gezeigt. Die erste (links) ist für ein Baby, die zweite (Seite 27 und ausführlicher in Kapitel vier) ist für ein Vorschulkind, die dritte (Seite 28–29) das Zimmer eines Teenagers. Die Grundelemente sind immer dieselben, und trotzdem ist der Raum jedesmal sowohl funktionell wie einladend.

So sieht das variable Zimmer aus, wenn das Baby noch klein ist. Die Bordüre mit Bildern aus »Die Eule und das Kätzchen« war der Anfang, ein schmaler Streifen daraus findet sich auf dem Regal wieder. Chambrayblaue, primelgelbe und apfelgrüne Stoffe, mit Karo- und Blumenmustern, harmonieren gut mit der Streifentapete. Der Stoff findet sich auch bei dem großzügig drapierten Körbchen und am Regal wieder. Den Sessel wird jeder bequem finden.

Zimmer für ein Kleinkind

Die freundliche, sonnige Stimmung des Zimmers in sanften Blau- und Gelbtönen (Seite 20–21) passt sowohl für Jungen wie für Mädchen. Die karierten Vorhänge und gestreiften Tapeten passen gut zu dem oberen Wandfries, auf den Sonnen und Monde mit Schablonen gemalt wurden. Das Regal wurde innen mit kleinkariertem Stoff verkleidet, der Stauraum darunter bekam einen Vorhang, der zur Farbstimmung des Raums passt. Mit diesem Mehrzweckregal hat man unendlich viele Möglichkeiten, sowohl Kleider und Toilettenartikel sowie einen Wickeltisch unterzubringen – alles ist in greifbarer Nähe, wenn er herausgeklappt ist.

Mehrzweckregal

Das freistehende Regal, das zugleich als Schrank und als Wickeltisch dient, wurde mit 2,5 cm dicken Brettern gebaut. Die Regalfächer liegen auf horizontalen Leisten. Die hölzerne Kleiderstange, an der Kinderkleider hängen, steckt in zwei runden Löchern, die in das Holz des Rahmens gebohrt wurden. An der Stange, die länger als das Regal ist, baumelt ein selbstgemachtes Mobile (Seite 26).

Das Regal kann leicht umgebaut werden und macht sich als Stauraum, Arbeits- oder Bastelplatz (Seite 31) nützlich.

Der Wickeltisch an der Seite ist etwa 75 cm breit, wird von einem stabilen Holzstück abgestützt und kann weggeklappt werden.(Selbst wenn ein Rand um die Tischkante verläuft – denken Sie daran, das Baby auf dem Wickeltisch keine Minute unbeaufsichtigt zu lassen, weil es herunterfallen kann.)

Das Möbel wirkt schöner, wenn Sie die obere Hälfte innen mit Stoff, Tapete oder Einwickelpapier auskleiden. Bekleben Sie die Kante mit einer schmalen Bordüre – hier wurde ein Detail aus der um die Wand laufenden Bordüre mit Bildern aus »Die Eule und das Kätzchen« verwendet. Ein farblich passender Stoffvorhang vor den unteren Regalfächern verbirgt zusätzlichen Stauraum und läßt alles weicher wirken.

Alle diese Dekorationen können jederzeit leicht verändert werden, um dem Zimmer einen anderen Charakter zu geben.

Ausgefütterter Babykorb

Ein Korb wie auf dem Regal (gegenüberliegende Seite), mit einem hübschen waschbaren Stoff ausgefüttert, ist in jedem Kinderzimmer unentbehrlich. Später kann man ihn weiterverwenden, um darin alle möglichen Sachen aufzuheben.

Dazu braucht man

Stoff
passendes Nähgarn
leichten Futterstoff

1 Machen Sie ein Schnittmuster und schneiden Sie Stoff und Futter für Boden und Seiten wie beim Moseskörbchen (Seite 44, 1) zu. Geben Sie für den Saum rundum 1,25 cm zu.

2 Legen Sie das Futter auf die linke Seite des Stoffes für die Seitenteile und heften es an. Dieses Futter ist im Gegensatz zum Moseskörbchen (Seite 45, 2) nicht gequiltet.

3 Die gefütterten Seitenteile werden mit 1,25 cm Naht zu einem Ring zusammengenäht. Versäubern Sie die Nähte, dann säumen Sie den ungefütterten Stoff für den Boden.

4 Schneiden Sie 7,5 cm breite Streifen und nähen sie zu einer Rüsche in doppelter Länge des Korbumfangs. (Die Streifen sind gerade geschnitten, obwohl es diagonal wirkt.) Falten Sie den Streifen links auf links auf die Hälfte zusammen, legen Sie alle 4,5 cm 1,25 cm breite Messerfalten und säumen Sie alles.

5 Schneiden Sie acht 5 cm breite Streifen in Fadenrichtung, lang genug für vier Paar Schleifen an den Korbgriffen. Falten Sie jede rechts auf rechts auf die Hälfte, säumen die Längskante mit 6 mm, am Ende quernähen. Versäubern und wenden.

6 Die Rüsche wird rechts auf rechts um den oberen Korbrand gelegt und befestigt. Nähen Sie oben je zu beiden Seiten beider Griffe je zwei Schleifen übereinander an.

7 Schieben Sie die Rüsche leicht in den oberen Rand des gefütterten Stoffrings und nähen beides rechts auf rechts mit einem 1,25 cm breiten Saum zusammen. Säubern, überstehendes Futter abschneiden, wenden, ausbügeln. Beide Stücke unten zusammennähen.

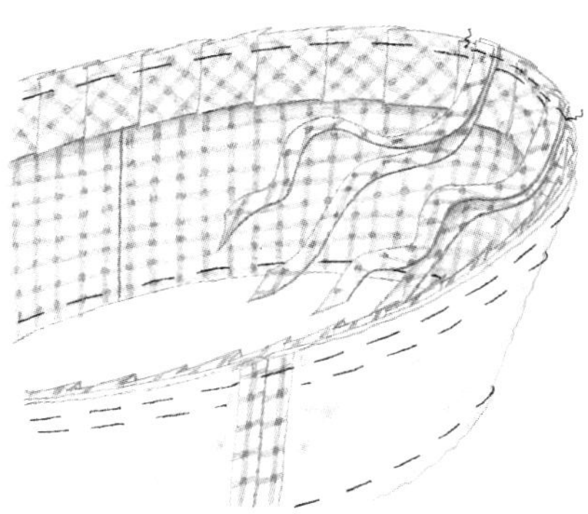

8 Befestigen Sie den unteren Rand des Rings am Boden (Seite 45, Korb ausfüttern, 4). Legen Sie alles in den Korb und befestigen es an den Griffen.

Volant und Baldachin

Ein Volant bedeckt das Gestell des Moseskörbchens. Die Kellerfalten wurden so gelegt, dass das karierte Muster verdeckt ist. Innen ist der Korb mit dem karierten Stoff ausgefüttert, eingefaßt von einem einfarbigen, farblich zum Stoff und zu den Blautönen im Zimmer passenden Band. Über dem Korb hängt ein einfacher Baldachin aus Voile an einer Stange, die an der Wand befestigt ist. (Den Baldachin sollten Sie nicht mehr benutzen, wenn das Kind daran ziehen kann.)

Dazu braucht man

für Decke und Volant

geblümten Stoff
karierten Stoff für Innenfutter und Rüschen
Unistoff für die Einfassung
passendes Nähgarn
leichten Futterstoff

für den Baldachin

1,25 cm dickes, 10 cm^2 großes Holzstück
25 cm langen Holzstab
Voile oder Musselin
farblich passendes Nähgarn

Volant und Decke

1 Der Korb wird mit dem karierten Stoff ausgelegt (siehe Babykorb Seite 23, 1–3).

2 Nehmen Sie das Maß vom oberen Rand des Korbes bis zum Fußboden, schneiden Sie den Stoff mit 4,5 cm Saumzugabe. Der Stoff muß die doppelte Länge des Korbumfangs haben. Enden zusammennähen, Stoff erst 6 mm, dann 2,5 cm einschlagen, säumen. Arrangieren Sie den Stoff in gleichmäßigen Kellerfalten, die schön um den Korb hängen. Wenn Sie denselben Stoff wie hier benutzen, achten Sie darauf, dass das Karomuster innen liegt. Dann befestigen Sie den Volant am Korb.

3 Aus einfarbigem Stoff 7,5 cm breite Streifen schräg zuschneiden und so

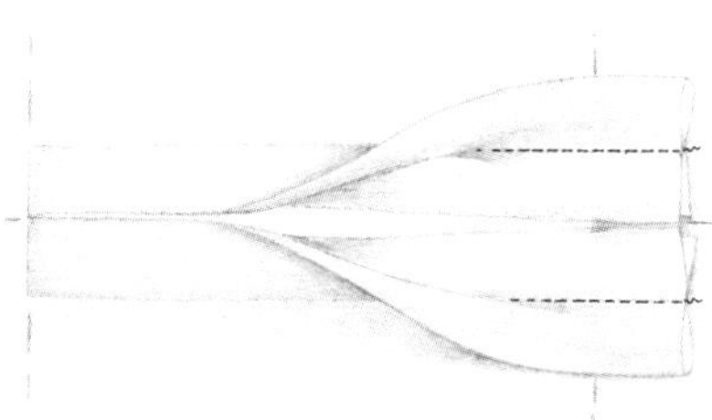

zusammennähen (Seite 89, 4), dass ein langes Band entsteht, das genau um den oberen Rand des Volants passt. Legen Sie es auf den Korbrand und markieren die Stelle, wo die Griffe sind. Machen Sie ein großes Knopfloch für jeden Griff.

4 Rechts auf rechts wird eine Seite des Bandes an die Oberkante des Volants, die andere an die Oberkante des Futters genäht. Machen Sie wie beim Babykorb (Seite 34, 7,8) weiter, aber ziehen Sie die Knopflöcher über die Griffe und binden das Ganze nicht an.

5 Die Quiltdecke wird aus dem geblümten Stoff gemacht (siehe Seite 45) und bekommt einen Rand aus kariertem Stoff.

Baldachin

1 Sägen Sie das Holz wie abgebildet aus und bohren ein Loch, das den

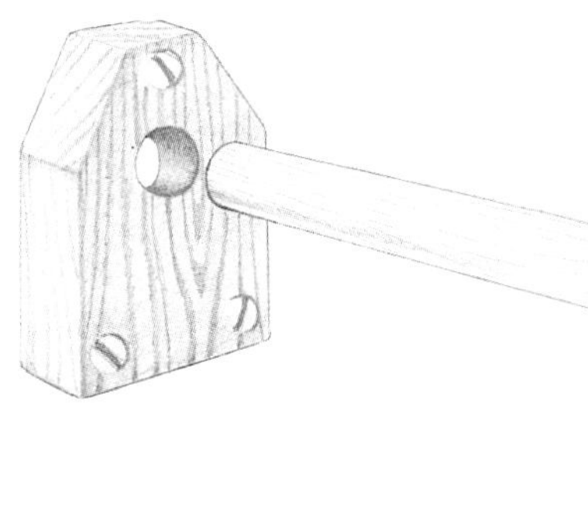

gleichen oder einen etwas geringeren Durchmesser wie die Stange hat. Dübeln Sie das Holzstück mit mehreren Schrauben in etwa 1,80 m Höhe in die Wand. Falls nötig, wird das Ende der Stange leicht angespitzt, damit sie fest sitzt.

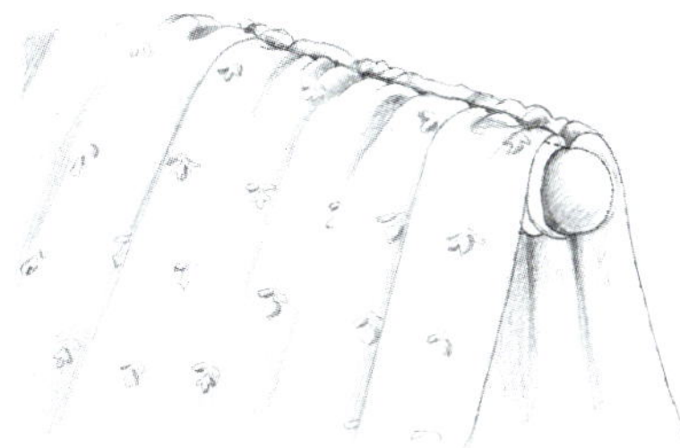

2 4,30 m Voile zuschneiden und säumen. (Wenn Sie eine ganze Stoffbahn nehmen, brauchen Sie die Webkanten nicht zu säumen.) Legen Sie den Stoff rechts auf rechts auf halb und nähen 1,50 cm über die Bruchlinie einen Tunnel. Wenden, den Stab durchschieben und um den Korb drapieren.

Mobile

Edward Lears Gedicht »Die Eule und das Kätzchen« ist Thema von Mobile und Bordüre, mit der Gitarre der Eule, »Honig und ganz viel Geld, in eine Fünf-Pfund-Note gewickelt«, den Sternen, die zusehen, dem Mondlicht, in dem sie tanzen, und vor allem der Ring, mit dem sie endlich heiraten können, nachdem sie ein Jahr und einen Tag auf See waren.

Dazu braucht man

2 plastikbeschichtete Drahtkleiderbügel
dickes Baumwollgarn
Stoff für den Überzug
Filz für die Figuren
karierten Gingham für den Honigtopf
Kordel für den Honigtopf
passendes Nähgarn
Schaumstoff
kleine Münzen zum Beschweren

1 Legen Sie beide Kleiderbügel fest aufeinander, schieben Sie den einen Haken in den anderen und biegen einen vierstrahligen Stern, um dessen Mitte dickes Baumwollgarn gewickelt wird.

2 Schneiden Sie fünf 7,5 cm breite Stoffstreifen, je 1½-mal so lang wie ein Arm des Sterns. Legen Sie die Streifen einzeln der Länge nach rechts auf rechts und nähen sie an drei Seiten zusammen. Wenden, einen Kräuselfaden durchziehen und über den Draht schieben. Versäubern und in der Mitte zusammennähen.

3 Jede Figur zweimal aus Filz schneiden und mit der Maschine säumen. Saiten und Griffleiste der Gitarre werden in Braun aufgestickt, die Zahl 5 auf dem Geldschein mit Zickzackstich, dann werden beide Teile zusammengenäht, nachdem Sie etwas Schaumstoff dazwischen gelegt haben. Bei den Sternen und der Gitarre könnte man eine kleine Münze zum Beschweren einnähen. Der Honigtopf bekommt eine Haube aus Gingham, die mit einer Kordel festgebunden wird.

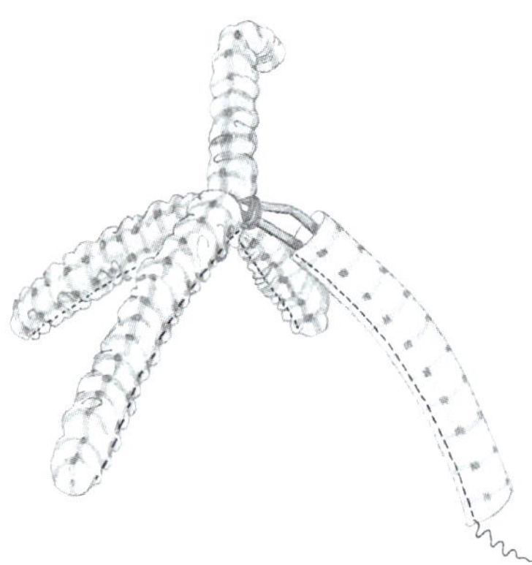

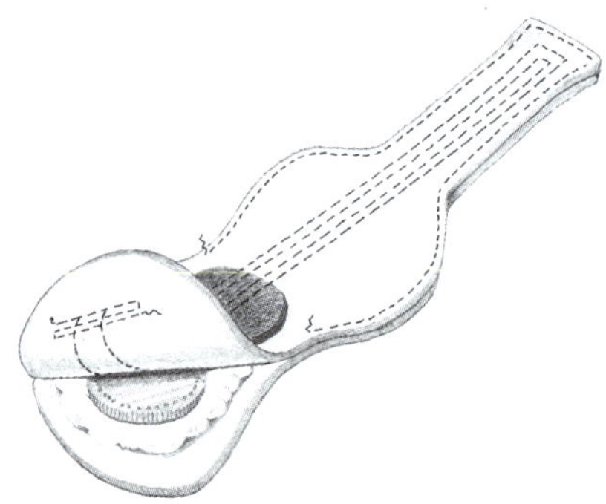

4 Hängen Sie die Figuren mit dickem Baumwollgarn an die Arme des Sterns und balancieren sie gut aus. Wenn das Mobile sich häufig bewegen soll, sollten die Fäden länger sein als in der Abbildung.

Vorschuljahre

Wenn Sie das Zimmer für ein Vorschulkind verändern wollen, können die Tapete, der Fries mit Sonne und Mond und die karierten Vorhänge bleiben. Das Regal bleibt nützlich, um Spielsachen ordentlich aufzubewahren. Ein Kinderbett oder ein richtiges Bett ersetzen das Moseskörbchen oder die Wiege. Der dafür verwendete Stoff passt immer noch als Bett- und Kissenbezug. Die Bordüre, die in Stuhlhöhe um das Zimmer lief, findet sich nun am Bettkasten wieder.

Es bleibt Platz für viel Spielzeug und für ein zusammenklappbares Spielhaus – ideal für Kinder in diesem Alter. Zusammenlegbare Teile ermöglichen es, jeden Abend klar Schiff zu machen – und das Spielzeug wirkt immer wie neu.

Viel Platz für Kleider bietet eine Kabine aus Stoff (Seite 56), die den Vorzug hat, dass man den Stoff auswechseln kann, wenn das Kind größer wird (Näheres siehe Seite 52).

Das variable Zimmer, nun in der zweiten Phase, nachdem das Baby zum Vorschulkind geworden ist. Die Grundausstattung – Tapete, Sternenfries, Vorhänge und Fußboden – ist unverändert, doch nun ist ein originelles Vierpfostenbett der Mittelpunkt. Die vollständige Einrichtung finden Sie auf Seite 52–57.

Teenagerjahre

Wenn das Kleinkind ein aktiver Teenager geworden ist, haben Schulaufgaben, Ausspannen und Einladungen Vorrang. Wieder kann das Zimmer den neuen Erfordernissen leicht angepasst werden. Das alte Mehrzweckregal wird zu einem komfortablen Schreibtisch umfunktioniert. Tapeten und Vorhänge bleiben, doch für das nun große Bett und eine zusätzliche Matratze auf dem Boden wurden neue Decken und Bezüge genäht, dazu verschiedene Kissen. Noch vorhandener Stoff wurde in eine übergroße blaue Tagesdecke eingearbeitet, die einen breiten Rand aus gestreiftem Drillich bekam. Das Streifenmuster schafft eine optische Verbindung zwischen der alten und der neuen Ausstattung. Es gibt viele verschiedene Kissenbezüge, die Matratze wird mit einem Patchworkquilt aus geblümtem und kariertem Stoff zum gemütlichen Tagesbett. Die geliebte Kramkiste verwandelt sich in einen improvisierten Kaffeetisch, in dem Bücher und Zeitschriften Platz finden.

Die Atmosphäre dieses Zimmers ist entschieden anders als die des Kinderzimmers (Seite 20–21), obwohl viele Einrichtungsgegenstände geblieben sind. Sorgfältige Planung von Anfang an zahlt sich also noch nach Jahren aus, und vielleicht freut sich der Teenager insgeheim sogar über einige Reminiszenzen an seine Kindertage.

Ein farbenfrohes Idyll in Chambrayblau, Primelgelb und Apfelgrün – die dritte Phase unseres variablen Zimmers ist zum anregenden und komfortablen Refugium des Teenagers geworden. Es gibt gemütliche Sitzgelegenheiten zum Diskutieren mit Freunden, dazu einen praktischen Schreibtisch mit einer großen Pinnwand, die Platz an der Wand läßt. Der Schwerpunkt der Gestaltung liegt in der effektvoll abgestimmten Kombination von Karos und Streifen.

Tagesdecke mit Patchworkapplikationen

Die Flicken auf dieser Tagesdecke sind nicht eingesetzt, sondern auf den Stoff appliziert. Schneiden Sie Flicken aus mehreren Stoffen in verschiedenen Formen und Größen, säumen sie und nähen sie dann mit der Hand auf. Große Kreuzstiche am Rand passen zu aparten Mustern, Einfassstiche um die Streifen wirken wie Rahmen. Teenager, die gerne handarbeiten, können bei der Decke mithelfen.

Kissen

Kissenberge gelten als unentbehrlich für Teenagerzimmer. Nähen Sie die Kissen aus Stoffen, die auch sonst im Zimmer verwendet werden, oder betonen Sie Veränderungen mit Bordüren. Die hier angegebenen Maße von 60 cm^2 können leicht abgeändert werden.

Dazu braucht man

Stoff
passendes Nähgarn
Schnurbesatz und Stoffstreifen in Kontrastfarben für den Paspel
stoffüberzogene Knöpfe
60 cm^2 große Kissenfüllung
Bördelkissen

1 Für ein Kissen mit einem rundum gebördelten 10 cm breiten Rand schneiden Sie Stoff in den Maßen 63,5 × 63,5 cm, 63,5 × 79 cm sowie vier 84 × 23 cm große Streifen zu. Schneiden Sie das Rechteck kreuzweise halb ein, schlagen Sie die Schnittkanten erst 6 mm, dann 2,5 cm ein.

2 Stecken Sie Vorder- und Rückseite links auf links zusammen, lassen Sie die gesäumten Kanten etwas überstehen, um eine Öffnung zu bekommen. Zusammenheften.

3 Schlagen Sie an der Längskante bei allen Streifen 1,25 cm ein. Rechts auf rechts wird die andere Kante mit 1,25 cm Saum an die zusammengehefteten Stoffvierecke genäht, wobei die Naht an den anschließenden Ecken unterbrochen und eine Briefecke genäht wird (siehe Zeichnung). Wenden Sie die Streifen, heften Sie die gefaltete Kante an die Naht und nähen an ihr entlang. Bügeln. Stecken Sie die Füllung durch die Öffnung hinten.

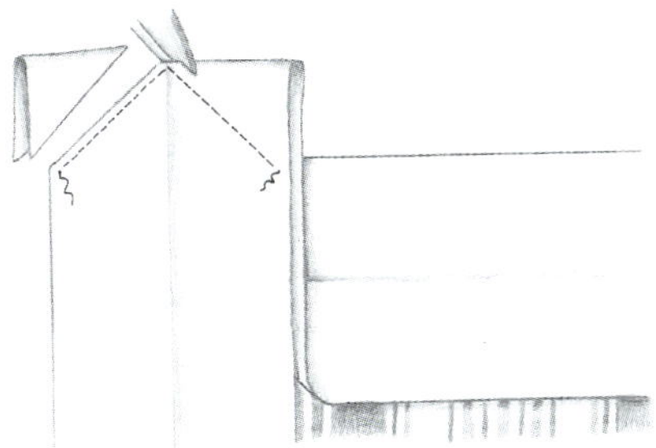

Kissen mit Knöpfen

1 Für die Vorderseite ein 63,5 × 79 cm großes Rechteck zuschneiden, für die Rückseite ein 63,5 cm^2 großes Quadrat. Schneiden Sie den Stoff 15 cm von der kurzen Seite des Rechtecks ein, nachdem Sie die Linie markiert haben.

2 Schlagen Sie 6 mm und dann 2,5 cm an den Schnittkanten der Vorderseite ein, machen Sie Knopflöcher in das schmalere Stück.

3 Legen Sie Vorder- und Rückseite rechts auf rechts, die gesäumten Kanten sollten überstehen, damit das schmalere Stück näher an der Rückseite liegt. Alle vier Seiten mit 1,25 cm säumen. Versäubern, wenden. Nähen Sie Knöpfe an die breitere Seite des Vorderteils unter die Knopflöcher.

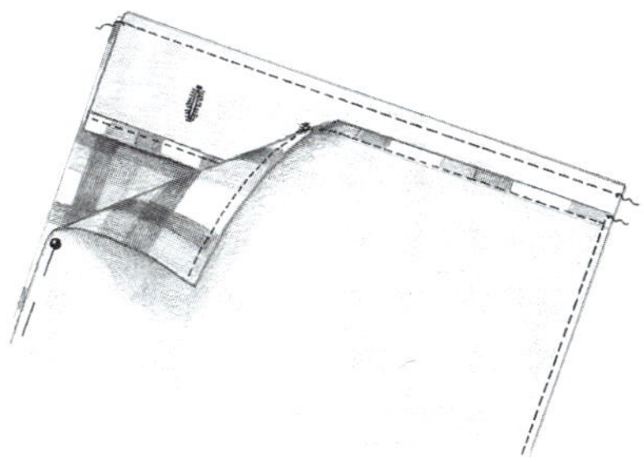

Paspeliertes Kissen

Machen Sie hinten eine Öffnung wie bei dem Bördelkissen, nähen Sie jedoch den vorderen und hinteren Teil rechts auf rechts zusammen, wobei der Saum paspeliert wird (Seite 89,5). Für die Schrägbänder siehe Seite 89,4.

Mehrzweckregal

Das Regal aus dem Kinderzimmer (Seite 22) lässt sich leicht in einen Arbeitsplatz mit reichlich Abstellfläche verwandeln. Der ausklappbare Wickeltisch wurde versetzt und dient nun als Schreibtisch. Die Zierleiste wurde Teil der dekorativen Einrahmung. Der Vorhang unten kommt weg, man sieht jetzt die Regalfächer, die alte Auskleidung wurde durch ein poppiges Einwickelpapier ersetzt. Mit viel Platz und gleichzeitig einer guten Arbeitsfläche ist dieses vielseitige Möbel im Teenagerzimmer ebenso unentbehrlich wie vorher.

Babyjahre

In alten Zeiten war es Brauch, ein neugeborenes Kind gleich nach der Geburt hochzuhalten – das sollte Glück und Erfolg bringen. Heutzutage gibt es dafür praktischere und bessere Möglichkeiten. Voraussetzung für ein glückliches und gesundes Kind ist eine farbenfrohe, anregende Umgebung, in der es spielend heranwächst. Deswegen spielt die Einrichtung und Dekoration des ersten Kinderzimmers eine wichtige Rolle.

Das Bild des traditionellen Kinderzimmers mit einer schön drapierten Holzwiege, blütenweißer Bettwäsche und bunten Quiltdecken ist verlockend. Jeder erliegt dem Zauber eines friedlich schlafendes Babys mit seinem kleinen Gesicht und den winzigen Fingern. Lassen Sie sich von diesem Wunder inspirieren, das Zimmer zu einem anregenden, verzauberten Platz zu machen, in dem das neue Familienmitglied richtig aufblühen und wachsen kann. Richten Sie es mit schönen Erbstücken wie handgearbeiteten Sticktüchern, einem alten Holzkinderwagen, vielgeliebten Teddybären, alten Wäschekisten oder einfachen Stoffspielsachen ein. Solche zeitlos schönen Gegenstände werden auch den Übergang von einer Phase der Kindheit in die nächste erleichtern.

Das Entenzimmer bietet eine moderne Interpretation klassischer Kinderbilder. Enten und die Farbe Gelb eignen sich traditionell für Kinderzimmer, weil sie sowohl zu Jungen wie zu Mädchen passen. Die gelbkarierten Vorhänge sind mit einem gelben Raffhalter gebunden, den ein mit blauem Gingham bezogener Knopf schmückt. Dasselbe Blau findet sich auch im Wandbehang.

Wie man den Platz auswählt

Versuchen Sie, das Kinderzimmer im hinteren Teil der Wohnung einzurichten, weg vom Straßenlärm und möglichst in einem Raum an der Südseite mit viel natürlichem Licht.

Nehmen Sie nicht das kleinste Zimmer unter dem Dach wie einst viktorianische Eltern. Im ersten Jahr werden Sie pausenlos in das Kinderzimmer laufen und ständig lauschen, ob mit dem Baby alles in Ordnung ist – sorgen Sie also dafür, dass die Entfernung zu Ihrem Schlafzimmer nicht zu groß ist.

Kinder wachsen schnell und brauchen mit etwa zwei Jahren ein normal großes Bett, Platz für Kleidung, Spielzeug und vor allem Raum zum Spielen auf dem Fußboden.

Planen Sie von Anfang an für die Zukunft und wählen Sie einen Raum, der sich aus einem einfach eingerichteten Kinderzimmer später in eine Art Spielzeuglager und dann in einen Raum verwandelt, in dem auch einmal Freunde der Kinder schlafen können.

Das erste Zimmer darf klein sein, wenn nebenan ein weiteres Schlafzimmer liegt. Man kann beide Räume später verbinden, wenn das Baby groß genug ist, um das Zimmer mit älteren Geschwistern zu teilen. Die Alternative wäre ein größeres Schlafzimmer, vielleicht Ihres (wenn Sie einen anderen geeigneten Raum für die Erwachsenen finden), das für viele Jahre sowohl Schlaf- wie Spielzimmer sein kann.

Wie man ein Kinderzimmer plant

Die Einrichtung und Ausstattung des Kinderzimmers ist eine aufregende Reise in eine bislang geheimnisvolle Welt von Babysachen, tönenden Mobiles und Bordüren. Dabei ergibt sich gleichzeitig eine wichtige Chance, sich auf ein neues Leben einzustellen.

Bei der Ankunft des Babys, vor allem beim ersten Kind, ist die Versuchung groß, das Zimmer mit Metern von Voile und Spitze in zarten Pastellfarben auszustatten und alle Wände dekorativ zu bemalen.

Ein solches Zimmer ist idyllisch, bis das Kind ein Jahr alt wird – doch danach ist es völlig ungeeignet.

Etwas Zurückhaltung und der vorsichtige Einsatz von Farben, Stoffen und Möbeln bei der Erstausstattung ermöglicht es Ihnen, eine Grundstruktur zu planen, die sich durch alle Kindheitsphasen weiterentwickeln läßt.

Ein Kinderzimmer bietet die seltene Möglichkeit, einen Raum ganz von Anfang an zu gestalten, und lebhaftere Farben und Muster einzusetzen als man es in Wohnzimmer oder Küche tun würde.

Sie entscheiden über Farben und Stoffe und können Ihr künstlerisches Talent bei der Bemalung alter Kommoden, bei gequilteten Decken oder Wandbehängen austoben.

Ob Sie farblich abgestimmte Stoffe für Vorhänge, Polstermöbel, Lampenschirme und Accessoires oder eine ausgefallene Mischung von Farben und Formen vorziehen – es gibt ein paar Grundregeln, die Ihnen die Planung der Dekoration erleichtern.

Dekorieren

Oft sind die Vorhänge der Auslöser für die Wahl der Stoffe. Zu einem glatten Rollo passt ein einfacher Bettbezug, während dekorativ geschlungene Vorhänge mit Querbehang gut mit einem Baldachin oder Himmelbett harmonieren. Gerade fallende, abgefütterte Vorhänge aus edlem Stoff wirken klassisch schlicht und warm.

Auch Tapetenbordüren sind ein guter Ausgangspunkt für das dekorative Konzept. Es gibt sie in großer Auswahl, und man kann die gewählte Farbe mit der Wandfarbe, Vorhängen und Polstermöbeln betonen. Eine ausgefallene Bordüre kann sich in ebenso ausgefallenen Kissen widerspiegeln oder durch einfache karierte Vorhänge gedämpft werden. Karierte Vorhänge können mit Streifen- oder Pünktchenmuster in denselben Farben bei Kissen oder Wäschebeuteln kontrastiert werden. Wenn man verschiedene Stoffarten verwendet, kann die Wirkung überraschend effektvoll sein.

Kinderzimmer bieten eine ideale Möglichkeit, Tiermotive zu verwenden, die bei Alt und Jung gleichermaßen beliebt sind. Zeitlos schön sind auch Zirkusszenen, Kinderlieder, Teddybären, Zahlen und Buchstaben.

Ein vorwiegend rosa oder blaues Zimmer geht in Ordnung, wenn Sie vorher das Geschlecht Ihres Kindes wissen, oder wenn Sie das Kinderzimmer erst nach der Geburt einrichten. Doch spezifisch weibliche oder männliche Räume kann man nicht nur mit Farbe, sondern auch mit Stoffen schaffen

Eine ländliche Prozession weißer Enten in einer Wiese voll blühender Narzissen, als Aquarell gemalt, ist ein hübsches Bordürenmotiv. Die Tapetenbordüre war der Ausgangspunkt für die Einrichtung (Seite 39).

– etwa Blumenmuster für Mädchen und Streifen für Jungen.

Viele Kinderzimmer werden jedoch eingerichtet, bevor man weiß, ob es ein Junge oder ein Mädchen wird. Karos sind immer richtig, und sie passen gut zu den »unisex«-Farben Grün, Gelb und Rot. Das einfache Entenzimmer (Seite 32–33) mit karierten Vorhängen und einer Entenbordüre (Seite 35) passt für Mädchen und Jungen, ebenso wie die klassische Kinderzimmerkombination Grün-Blau oder Blau-Gelb. Sie können zusätzliche Farbakzente mit kleinen Accessoires, Mobiles oder Postern setzen. Eine andere Möglichkeit sind Wände in Wände in Weiß oder Creme mit einer passenden Bordüre. Mit Vorhängen, Rollos und Bettwäsche sollten Sie jedoch bis zur Ankunft des Babys warten.

Da Babys viel Zeit in ihrem Bett verbringen, könnten Sie kleine Bilder – Sterne, Monde und einfache Figuren – auf die Decke malen. Oder streichen Sie die Decke in einer leuchtenden Farbe, falls der Raum groß genug ist. (Vermeiden Sie dunkle Farben in Zimmern, die klein sind oder niedrige Decken haben, da sie so noch kleiner wirken.)

Mit Schablonen aufgemalte einfache Blumen- oder geometrische Muster beleben den Dielenboden, den man auch weiß oder in hellen Farben streichen kann. Legen Sie einen großen Flickenteppich in die Mitte.

Obwohl Rüschen eine große Versuchung sind, wirken einfache Vorhänge, die man später leichter verändern kann, oft besser. Nehmen Sie glatte Stoffbahnen, die mit dicker Juteschnur in Ösen an Metall- oder Holzstangen befestigt werden, oder Blendjalousien und Schnapprollos, die man mit farblich kontrastierendem Rand und Schnüren verschönern kann.

Ein Kinderzimmer ausstatten

Unabhängig von dem Stil, der Ihnen vorschwebt, gibt es einige Dinge(siehe gegenüber), die man unterbringen muß. Das ideale Kinderzimmer sollte Platz für ein zusätzliches Bett haben, über ein ausreichend großes Fenster sowie angemessene Heizung und Beleuchtung verfügen. Wenn möglich, sollte ein Waschbecken vorhanden sein und genügend Schrankraum – was vor allem nachts in der ersten Zeit, wenn man häufig Windeln wechseln muß, unschätzbar ist.

Die wichtigsten Möbel sind eine Wiege oder ein Kinderbett sowie ein Regal oder Schrank. Eingebaute Schränke sind nützlich für Tücher, Windeln, Salben, Reservehandtücher und Bettwäsche. Babykleidung kann leicht in Schubladen oder Regalen untergebracht werden.

Ein Wickeltisch, an dem Sie sich nicht ständig bücken müssen, schont Ihren Rücken. Stofftaschen (Seite 80) in Reichweite an der Wand sind praktisch für häufig gebrauchte Sachen und helfen, Ordnung zu halten. Oder rüsten Sie einen festen Deckelkarton mit Laufrollen aus, dann haben Sie beim Wickeln alles in greifbarer Nähe.

Sie brauchen einen Schrank oder eine Kleiderablage mit Türen, auch für die Kindersachen, die noch zu groß oder schon zu klein sind. Freistehende Schränke oder ein kleiner Kleiderständer sind vielseitiger als ein Einbausystem, außer es ist speziell für Kinder angefertigt und so konzipiert, dass man es später umbauen kann.

Ein Stuhl, auf dem Sie das Baby bequem füttern können, ist ein Muss. Häufig wird ein niedriger, gerader Stuhl ohne Armlehnen empfohlen, doch vielleicht finden Sie Lehnen zum Abstützen der Ellbogen angenehm. Wenn Sie einen vorhandenen alten Stuhl nehmen, ziehen Sie eine farblich passende Husse darüber. Ein Beistelltisch mit einer kleinen Lampe wird sich für Bücher und das Babyfläschchen bewähren.

Eine gute Idee ist eine Miniatursitzgelegenheit, die Sie zunächst als Spielzeugablage nehmen können, denn das Neugeborene wird sicher mit Spielsachen überschüttet. Das könnte ein kleiner Korbstuhl sein, ein Sofa mit abnehmbaren Polstern, kleine Holzstühle mit einem Sitz aus geflochtenen Binsen, ein winziger Sessel oder kleine Holzhocker.

Bunte Körbe, die zu Ihrem Farbschema passen, sind ideal für Kinderzimmer. Kaufen Sie mehrere verschieden große Körbe für Wäsche und Spielzeug oder einfach zur Dekoration. Kinder zwischen acht und zwölf Monaten lieben es, Sachen ein- und auszuräumen, also stellen Sie kleine Körbe mit Spielzeug in die Küche, ins Bade- und Wohnzimmer und überall dorthin, wo das Kind sich oft aufhält.

Es ist nie zu früh, in eine alte Wäsche- oder Spielzeugkiste zu investieren, in der allerlei Krimskrams verwahrt werden kann. Sie wird jahrelang für Spielzeug, Sportgeräte oder Bettzeug gebraucht werden, und wenn Sie ein Schloss hat, werden Teenager dort auch ihre heimlichen Briefe und Schätze verwahren.

Das Kinderzimmer: Einrichtungsvorschläge

Moseskörbchen, Wiege oder Tragebettchen
Kinderbett und Matratze
Laken für Wiege und Kinderbett
Moltontücher für Wiege und Kinderbett
Babydecke (verwenden Sie im ersten Lebensjahr kein Kissen)
Babyalarm
Babybadewanne oder Wanneneinsatz
Matte zum Wechseln
Kommode
bequemer Stuhl
kleiner Beistelltisch mit Lampe
Stauraum für Spielzeug und Bettwäsche
Mobiles
kleine Stühle oder Hocker

Auch die kuschligen Teddybären fühlen sich wohl zwischen weichen Rüschenkissen aus gelbem Gingham vor einem Wandbehang aus Baumwolle, der mit Enten und Narzissen bedruckt ist.

Details

Je lebhafter das Kinderzimmer eingerichtet ist, umso besser. Babys lieben Farbe und Bewegung – hängen Sie ein klingendes Mobile an oder über das Bett und weitere in die Nähe, besonders schön schaukeln Mobiles im Licht und bei leichtem Durchzug an Tür oder Fenster. Basteln Sie die Mobiles aus einfachen Filzfiguren, bemalten Eierkartons, Metallfähnchen oder kleinen Glöckchen, die mit dünnem Blumendraht an Holzkugeln baumeln. Achten Sie darauf, dass die Mobiles gut befestigt sind und nicht herunterfallen können oder das Baby sie herunterzieht und einzelne Teile in den Mund steckt.

Versuchen Sie, sich das Kinderzimmer aus der Sicht des Babys vorzustellen. Ein zu hoch aufgehängtes Bild mag für Erwachsene gut wirken – das Kind kann es gar nicht sehen.

Holz- oder auch Metallhaken sind im Kinderzimmer universell zu verwenden, weil man die Sachen sowohl praktisch wie dekorativ aufhängen kann. Polieren, beizen oder bemalen Sie einzelne Kleiderhaken und bringen Sie sie in einer oder mehreren Reihen an. Nehmen Sie Haken, die zur Einrichtung passen, spitzenüberzogene Kleiderbügel oder bemalte Holzfiguren wie Clownsköpfe.

Für die Wände kaufen Sie Einwickelpapier mit kindlichen Motiven, farbige Tapeten oder Bordüren, zum Beispiel mit dem Alphabet, mit Zahlen oder Tierbildern und hängen sie in Wechselrahmen, die man leicht austauschen kann.

Setzen Sie einen kleinen dekorativen Schwerpunkt mit antikem Geschirr, Porzellanpuppen oder einer Kolonie kuschliger alter Teddybären, die unter einem Glassturz oder in einer kleinen Vitrine an der Wand wohnen. Ein altes, schmales Buchregal, über die Kommode gehängt und in derselben Farbe gestrichen, wird zur lustigen Bühne für Stoffpuppen, Teddybären und Holzspielzeug.

Entenkinderzimmer

Tierbilder sind ein idealer Ausgangspunkt für die Dekoration. Die Enten in unserem Kinderzimmer (Seite 32–33) wirken weder männlich noch weiblich – ein Vorteil, wenn Sie das Zimmer vor der Geburt einrichten wollen. Aus demselben Grund sind gelbe Wände und Vorhänge eine geeignete Wahl. Gelbtöne sind sehr anpassungsfähig und wirken ebenso gut in kleinen und dunklen wie in großen, lichten Räumen.

DasEntenthema beginnt mit der farbenfrohen Bordüre, die in mittlerer Höhe rund um die vier Wände läuft. Das Motiv wurde nicht nur ausgewählt, weil fast alle Kinder Enten mögen, sondern weil Enten sich auch für die Zeit zwischen Baby- und Vorschulalter eignen. Ebenso passen die Farben, eine Kombination von Grün, Blau und Gelb, gleichermaßen für Jungen und Mädchen.

Der Stil des Zimmers wirkt einheitlich, wenn Sie das Motiv auf Stoffen, Möbeln, einem dekorativen Türbild, Deckeldosen, Wänden und Möbeln wiederholen – je nach Ihrem persönlichen Geschmack dezent oder auffälliger. Wir haben hier Tiermotive aus einem passenden Stoff ausgeschnitten und sie mehrmals in eine Patchworkdecke eingearbeitet.

Enten sind auch auf beiden Seiten der Kleiderschranktüren zu finden. Sie sind leicht zu malen, wenn man den Umriss mit einem weichen Bleistift vorzeichnet und dann mit Wasserfarben in zarten Tönen koloriert. Die leuchtend gelbe Ente im Schrankinneren wurde mit einer Schablone aufgemalt.

Übertragen Sie das Motiv von der Vorlage erst auf Paus- oder Millimeterpapier (Sie können es auch auf dem Fotokopierer vergrößern oder verkleinern) und dann auf Schablonenkarton oder Kohlepapier.

Sie können das Bild aber auch mit einem weichen Bleistift auf die Rückseite des Papiers zeichnen, die Sie dann auf die Malfläche legen und den Umriss dann mit einem Stift durchdrücken oder rubbeln.

Das Entenmotiv des Zimmers wiederholt sich im Schrankinneren. Die Enten auf der Tür sind freihändig gemalt, die an der Innenwand schabloniert.

Spiel- oder Bettdecke aus Patchwork

Schöne Decken aus reiner, glatter Baumwolle machen Mutter und Kind Freude und sorgen für behaglichen Komfort. Ein selbstgequiltetes Stück kann sogar zum behüteten Schatz späterer Generationen werden, denn ein Quilt ist gleichzeitig nützlich, dekorativ und dauerhaft.

Quilts haben eine lange und faszinierende Geschichte und eine Vielfalt von Mustern. Obwohl viele schöne Quilts nur mit einem einzigen Stück Stoff an der Oberseite genäht werden, denkt man bei Quilts meist an Patchwork. Entstanden ist diese Technik, die eine richtige Kunst geworden ist, als Bäuerinnen Stoffreste zu warmen Winterdecken verarbeiteten.

Heute können maschinengefertigte Quilts genau so schön sein wie mühevoll mit der Hand genähte, und sie können mit wenig Zeitaufwand etwas ganz Besonderes für das Kinderzimmer schaffen. Mit applizierten Mustern und Bildern können wahre Kunstwerke entstehen, die man am liebsten an die Wand hängen würde.

Unser Quilt kann als Bett- oder Spieldecke verwendet werden. Es entstand aus Stoffen, die mit der Tapetenbordüre abgestimmt sind, und mit einfachen Karo- und Streifenmustern, die mit den Farben an Wänden und Vorhängen korrespondieren, was einen harmonischen Effekt ergibt, ohne übertrieben zu sein. Mit zwei karierten, einem gestreiften und einem gemusterten Stoff hat man fast endlose Möglichkeiten für verschiedene Patchworkquadrate.

Maße

Diese Anleitung gilt für ein 117 × 76 cm großes Quilt, das aus 15 je 20 cm^2 großen Quadraten besteht, die in fünf Reihen zu je drei Quadraten angeordnet sind, eingefasst von einer 10 cm großen Umrandung. Das Ausgangsmaß ist 122 × 81 cm, Quilten läßt die Decke etwas schrumpfen. Damit die Decke genau in das Bett passt, müssen Sie vielleicht die Umrandung oder die Größe und Anzahl der Quadrate ändern.

Dazu braucht man

Stoff: klein- und großkariert, gestreift, mit Entenmuster, uni
passendes Nähgarn
mittelschweren Futterstoff

1 Schneiden Sie acht 22,5 cm^2 große Quadrate mit Entenmuster in Fadenrichtung. Aus dem kleinkarierten Stoff werden ein 22,5-cm^2-Stück schräg und zehn 12,5-cm^2-Quadrate in Fadenrichtung geschnitten, aus dem gestreiften Stoff acht 12,5 cm^2 große Quadrate, vier in Fadenrichtung und vier schräg, und acht 7,5 × 22,5 cm große Rechtecke.

2 Ein kariertes an ein gestreiftes Quadrat nähen, rechts auf rechts, Schnittkanten aufeinander, 1,25 cm zugeben, dann ein zweites Quadrat, das mit dem ersten verbunden wird, und drei weitere Paare. Bügeln.

3 Rechts auf rechts, Schnittkanten aufeinander, nähen Sie ein gestreiftes Rechteck an eine Seite eines karierten Quadrats, 1,25 cm zugeben, 1,25 cm vor jedem Ende anfangen und aufhören. Genauso nähen Sie gestreifte Rechtecke an die anderen drei Seiten. Saubere Ecken näht man vom Ende der Naht diagonal zur anderen Ecke (siehe Abbildung). Bügeln.

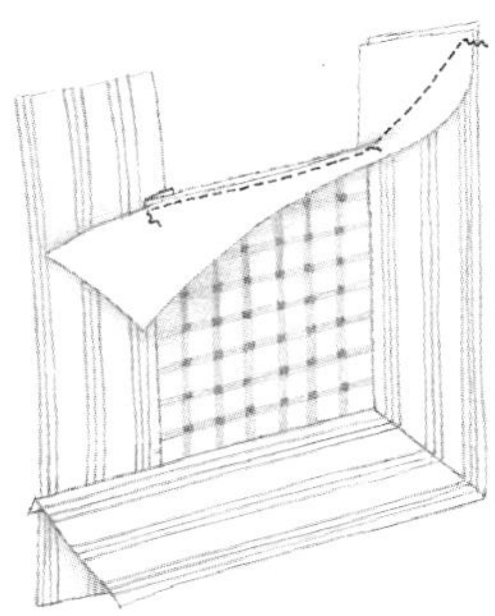

4 Arrangieren Sie die Felder wie auf dem Foto und nähen sie rechts mit 1,25 cm Saum zu Reihen und dann die Reihen sauber zusammen. Bügeln.

5 Aus kleinkariertem Stoff vier 7,5 cm breite Streifen in Fadenrichtung schneiden, je zwei so breit und so lang wie das Patchworkstück, plus 12,5 cm. Erst die kurzen, dann die langen Streifen rechts auf rechts, mit 1,25 cm Saum, annähen, so, dass das Ende der langen genau an die kurzen Streifen passt. Bügeln.

6 Aus dem Unistoff vier 6,5 cm breite Streifen in Fadenrichtung schneiden, zwei sollen so lang wie die Breite, zwei wie die Länge des Quilts einschließlich Karorand sein. Legen Sie einen kurzen Streifen links auf links auf halb und auf das eine Ende des karierten Rands, Schnittkanten aufeinander. Nähen Sie durch alle drei Lagen mit 1,25 cm Saum, 1,25 cm vor dem Ende aufhören.

7 Falten und nähen Sie die anderen Streifen ebenso. Für die Ecken siehe 3. Lassen Sie zunächst den Rand nach innen liegen, Schnittkanten außen.

8 Aus dem großkarierten Stoff ein 135 × 94-cm-Rechteck in Fadenrichtung, und aus dem Futterstoff ein 122 × 81-cm-Rechteck schneiden.

9 Legen Sie das großkarierte Rechteck, linke Seite oben, auf einen ebenen Untergrund und den Futterstoff exakt darauf, und genau darauf, rechts oben, das Patchwork. Heften Sie das Quilt durch alle Lagen am äußeren Rand und an den Nähten zwischen den einzelnen Stücken zusammen. Arbeiten Sie von der Mitte nach außen, damit der Stoff glatt und weich wird. Quilten Sie mit der Maschine um die Ränder der einzelnen Stücke durch alle Lagen. Heftfäden entfernen.

10 Den Stoff der Unterseite an den Schnittkanten 1,25 cm auf die Vor-

derseite umbügeln, der Rand soll an der äußeren Saumlinie liegen. Rundum annähen. An den Ecken Briefecken nähen.

11 Den grünen Rand nach außen wenden, damit er den Rand des großkarierten Stoffes überdeckt.

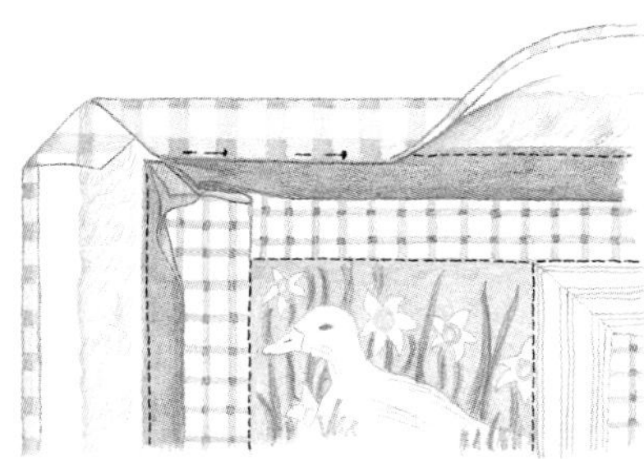

Am inneren Rand durch alle Schichten nähen.

Wandbehang mit Enten und Blumen

Dazu braucht man

Stoff: uni und kariert
passendes Nähgarn
Filz: weiß, orange, zwei verschiedene Gelbtöne, schwarz
Stoffkleber
schmaler Stab

Der klare naive Stil macht Wandbehänge aus Stoff zu einem idealen Kinderzimmerschmuck, vor allem wenn sie groß und bunt sind. Dieses einfache Bild wurde passend zum Entenkinderzimmer entworfen, Sie können auch andere Motive wählen. Hängen Sie das Wandbild so, dass das Baby es aus seinem Bettchen sehen kann, und hängen Sie es zur Abwechslung auch einmal anderswo auf. Muster für die Enten siehe Seite 132.

1 Zuschneiden: Rechteck aus Unistoff in der gewünschten Größe mit 1,25 cm Saumzugabe; für die Umrandung aus Karostoff zwei Streifen in Fadenrichtung in passender Höhe und Breite (etwa 10 cm) mit 2,5 cm Saumzugabe, und zwei ebenso breite für die Länge des Wandbilds, plus die doppelte Länge des Streifens.

2 Die zwei kürzeren Streifen rechts auf rechts, Schnittkanten aufeinander, 1,25 cm Saum, an den Unistoff nähen. Wenden, bügeln. Dann die Streifen oben und unten ebenso annähen, bündig mit

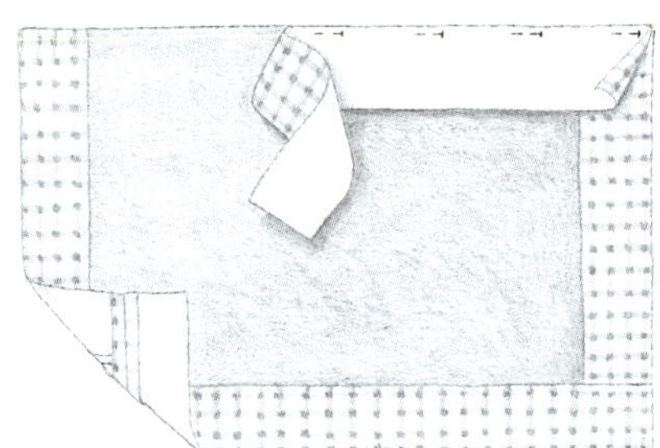

den kürzeren Streifen. Wenden und bügeln.

3 Für die Aufhänger einen 40,5 × 5-cm-Streifen in Fadenrichtung aus Karostoff schneiden, der Länge

nach auf halb und nochmals auf halb legen, bügeln, nähen. Das Band in vier gleich lange Stücke schneiden, auf halb rechts auf den Behang legen, gleichmäßig verteilt, mit den Schnittkanten genau am oberen Rand, annähen.

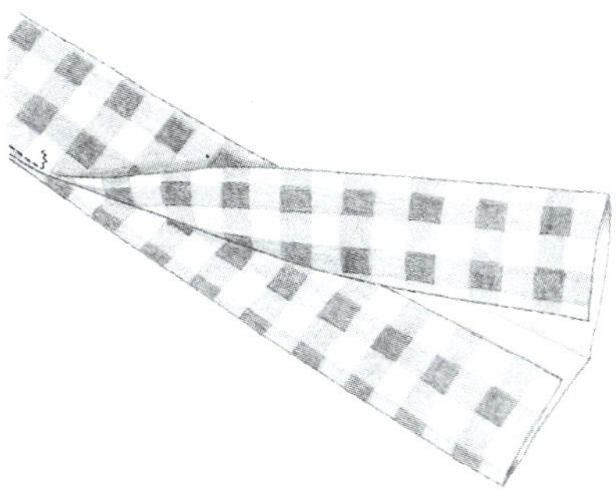

4 Für die Rückseite ein passendes Rechteck aus Karostoff schneiden, rechts auf rechts auf das Vorderteil legen. 1,25 cm rundum säumen, oben 15 cm offen lassen. Ecken versäubern, wenden, bügeln. Stecken Sie den Stab in die Öffnung, die dann mit der Hand zugenäht wird.

5 Schneiden Sie die Enten aus Filz nach den Mustern (Seite 132), die Sie vergrößern oder verkleinern können: Körper und Flügel aus weißem, Füße und Schnabel aus orange, die Augen aus schwarzem Filz. Kleben Sie die Figuren nach dem Muster auf den Stoff.

6 Für die Narzissen werden je sechs Blütenblätter aus hellgelbem Filz geschnitten, der Kreis in der Mitte aus dunklerem Gelb; schneiden Sie kleine Vs in den Kreisrand. Aufkleben.

7 Für jedes Gänseblümchen wird ein weißer Filzkreis ausgeschnitten, unregelmäßig ausgefranst und leicht aufgefächert, damit die Blume plastischer wirkt. Aufkleben. Kleine

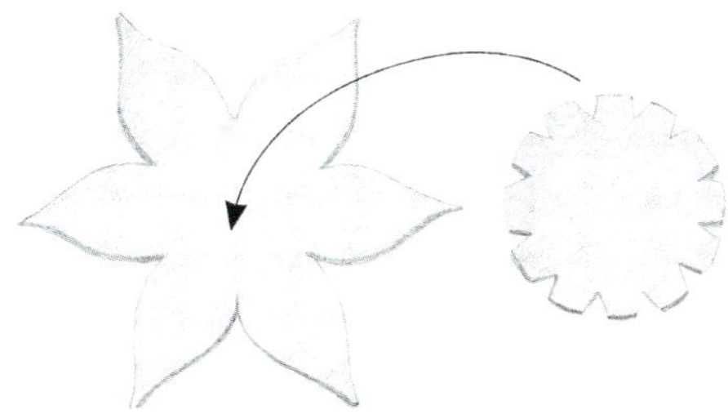

orangefarbene Kreise ausschneiden und in die Mitte kleben. Wandbild an kleinen Nägeln an den Schlaufen aufhängen.

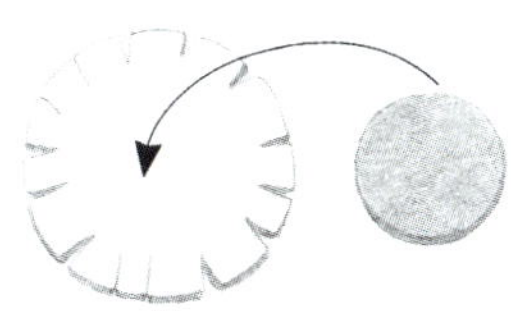

Mit Knöpfen verzierter Querbehang

Eine so klassische wie elegante Lösung, mit stoffüberzogenen Knöpfen an den Falten. Schlichte Vorhänge, mit Querbehang aus einfarbigem Stoff und dazu passenden Raffhaltern wirken besonders raffiniert. Das Gelb betont die Farbstimmung des Zimmers. Die Knöpfe an Raffhalter und Falten sind mit blauem Gingham überzogen, der auch für den Wandbehang und für die Decke und Ausfütterung des Moseskörbchen verwendet wurde.

Gefüttertes Moseskörbchen mit Quilt

Dazu braucht man

karierten Stoff,
Stoff in Kontrastfarbe
mittelschweren Futterstoff
passendes Nähgarn
6 Knöpfe zum Überziehen

Während der ersten Monate lieben Babys Sicherheit und Komfort eines behaglichen Körbchens. Geschützt von den hohen, mit Stoff ausgepolsterten Seiten eines weichen Tragekorbs schlafen sie noch besser. Dazu gehört ein einfaches, farblich passendes Quilt.

Schnittmuster

Machen Sie ein genaues Muster aus braunem oder Zeitungspapier. Legen Sie einen Bogen in den Korbboden, markieren Sie den Rand, indem Sie mit den Fingern oder dem Scherengriff am Rand entlangfahren, den Umriss ausschneiden, Kopf- und Fußende markieren, zur Seite legen.
Da Körbe selten symmetrisch sind, brauchen Sie rundum ein genaues Muster. Schneiden Sie zwei breite Streifen für das obere und untere Oval des inneren Korbes, die sich in der Mitte treffen. Schneiden Sie jeden Streifen in gleichmäßigem Abstand etwa sechsmal von oben nach unten ein, damit das Papier sich genau der Rundung anpassen kann. An die dreieckigen Schlitze, die so entstehen, kleben Sie passende Papierstücke mit Tesafilm fest. Begradigen Sie den oberen Rand etwa 1,25 cm unterhalb der Korboberkante. Das Schnittmuster sieht wie ein seltsam geformter Bumerang aus. Markieren Sie die obere und untere Hälfte.

Korbfutter nähen

1 Schneiden Sie den Stoff plus rundum 1,25 cm Saumzugabe nach dem ovalen Schnittmuster zu. Falten Sie den Stoff auf die Hälfte, schneiden Sie ihn diagonal nach dem Muster in zwei Teile, mit 2,5 cm Zugabe für den Saum (und das Schrumpfen beim Quilten). Schneiden Sie für die Einfassung diagonal einen 22,5 cm breiten Streifen aus kontrastierendem Stoff, der um den ganzen Korb reicht, plus 2,5 cm Saumzugabe. Das Futter wird für beide Seiten in den Maßen des Stoffes zugeschnitten, dazu ein 10 cm breiter Streifen in der Länge der Einfassung.

2 Legen Sie das Futter zwischen zwei zusammenpassende Stoffstücke, rechte Seiten außen, und heften alles mit der Hand zusammen. Quilten Sie mit der Maschine etwa alle 7 cm ein kariertes Muster, bei dem Sie sich nach dem Karo des Stoffes richten. Das andere Stück ebenso arbeiten.

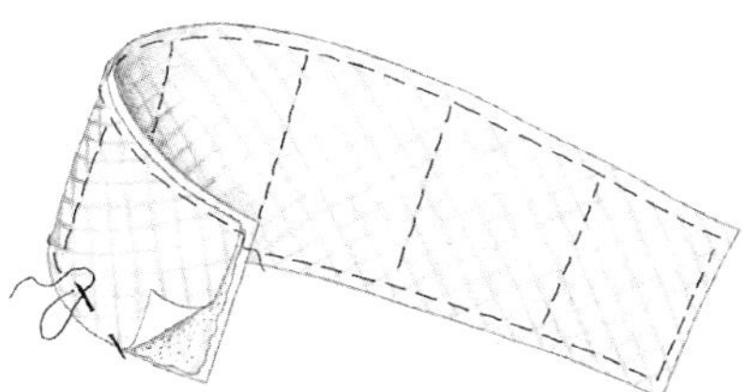

3 Rechts auf rechts, Schnittkanten aneinander, werden beide Teile zu einem Ring zusammengenäht. Futter versäubern, Paßform prüfen und eventuell korrigieren.

4 Rechts auf rechts, Schnittkanten aneinander, wird der untere Teil des Rings mit 1,2 cm Naht an das Oval genäht. In den Kurven Abnäher machen. Futter versäubern. Paßform prüfen.

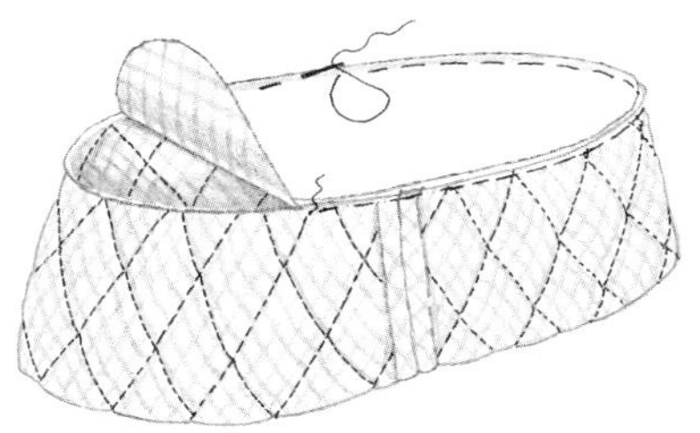

5 Den langen Futterstreifen an einer langen Seite links an die Rückseite des andersfarbigen Streifens heften, die Schnittkanten sollen glatt sein. Den gefütterten Stoffstreifen rechts auf rechts, Schnittkanten aneinander, mit 1,25 cm Saum an den oberen Rand des Ringes nähen. Futter versäubern. Legen Sie die andere Hälfte des Streifens über das Futter, rollen 1,25 ein und nähen alles außen fest.

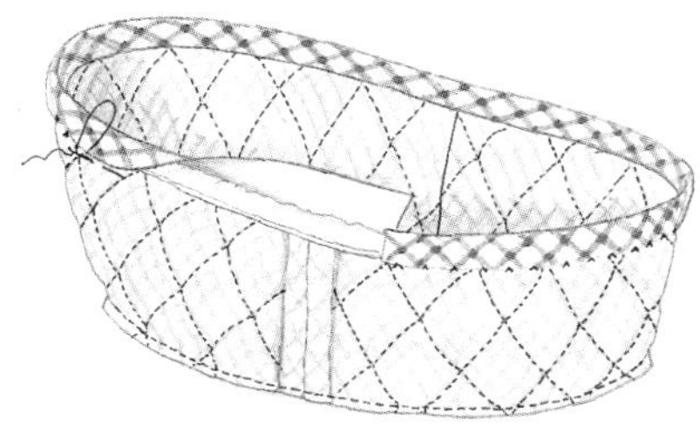

6 Mit der Maschine sechs Knopflöcher dicht am gefalteten Rand des gefütterten Streifens nähen, einen in der Mitte beider Seiten, die anderen gleichmäßig um den Korbrand. Überziehen Sie die Knöpfe mit Karostoff und nähen sie bei den Knopflöchern außen an den Korb. In den Korb legen und anknöpfen.

Quilt

1 Nach den Maßen des Korbes zwei Rechtecke aus dem kontrastierenden Stoff schneiden, plus 20,5 cm und 5 cm in der Länge. Schneiden Sie die unteren Ecken rund, so dass sie genau in den Korb passen. Futter in derselben Größe zuschneiden.

2 Futter zwischen zwei Stoffstücke legen, zusammenheften. Mit der Maschine 12,5 cm große diagonale Gitter quilten, Heftfäden ziehen.

3 Aus demselben Stoff 8 cm breite Streifen schräg schneiden und zusammennähen, bis die Länge dem Umfang des Quilts entspricht (siehe Seite 89,4). An beiden Schnittkanten 6 mm einschlagen, bügeln, links auf links auf halb zusammenlegen. Legen Sie den Streifen um die Schnittkanten des Quilts, feststecken, anheften. Durch alle Schichten nähen, Heftfäden entfernen.

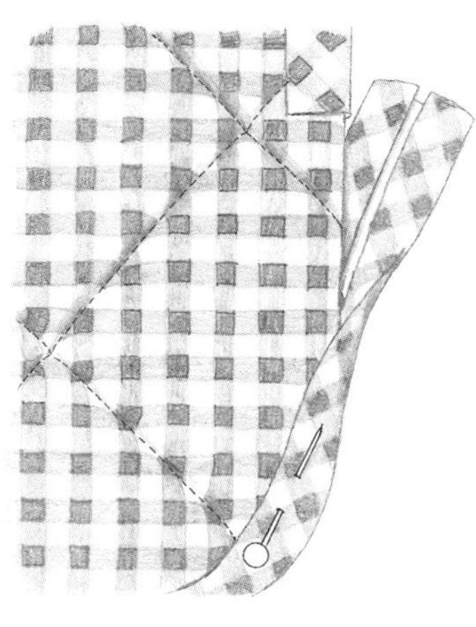

Vorschuljahre

Das Vorschulalter beginnt etwa dann, wenn das Baby sein erstes richtiges Bett braucht. Jetzt entwickelt sich auch die individuelle Persönlichkeit mit deutlichen Vorlieben und Abneigungen. Nachdem die Wiege auf den Dachboden verbannt oder für Kind Nummer zwei gebraucht wird, erobert das Kind sein Zimmer mit Temperament und Phantasie.

Früher hatten es Kinder nicht weit ins Grüne, wo sie sicher durch Wald und Wiesen streifen und ihre Hütten, Schatzinseln und Märchenwelten bauen konnten. Heute müssen sie zu ihrer eigenen Sicherheit oft überwacht werden und die übermächtige Gegenwart von Fernsehen, Videorecordern und Computern bestimmt den Alltag. Doch am Ende des 20. Jahrhunderts sehnt man sich wieder nach einfachen Werten und einer verzauberten Kindheit vergangener Zeiten.

Während der letzten Jahrzehnte sollten Kinder schnell erwachsen werden, also vergaß man die Freuden unschuldiger Spiele. Sie können jedoch den Zauber der Kindheit wieder einfangen, wenn Sie ein lebendiges, inspirierendes Kinderzimmer gestalten, als Zentrum von Spaß und Lernen, Gesundheit und Glück.

Ein farbenfroher Raum voller Spielzeug ist ideal für Vorschulkinder. Im beispielhaften Zimmer »Die Eule und das Kätzchen«, das auf Seite 53 vorgestellt ist, ist auch das Spielhaus in den Schwerpunktfarben gestaltet.

Adaptionen

Das Babyzimmer ist schnell für das Vorschulkind umgebaut, wenn man die Wiege gegen ein Bett austauscht, dazu einen Schrank und einen kleinen Tisch mit Stuhl besorgt. Ganz so einfach geht es aber meist nicht, denn das Baby ist nun eine kleine Persönlichkeit, und Sie werden überlegen, wie man das Beste aus dem vorhandenen Platz macht und ihn umgestalten.

Das dürfte nicht allzu schwer und sogar vergnüglich sein, wenn Sie das Zimmer des Babys schon mit Blick in die fernere Zukunft eingerichtet hatten.

Kinder dieses Alters teilen oft ein Zimmer, weil entweder nicht genug Platz vorhanden ist oder weil es praktischer ist. Denken Sie aber an die Verschiedenheit der Charaktere, damit es ein harmonisches Zusammenleben wird. Wenn ein Kind ein Bücherwurm ist und das andere gern schauspielert, sorgen Sie für ausreichend Regale und für eine Ecke zum Kostümieren. Planen Sie auch genug Stauraum und schenken Sie den Betten besondere Beachtung. Zwei einzelne Betten, die später als Etagenbett umgebaut werden können, wären eine gute Übergangslösung.

Dekorieren

Bei Kindern zwischen zwei und fünf Jahren müssen die Möbel einen wirklichen Härtetest überstehen, was Sie einplanen und auch bei der Wahl der Stoffe und Tapeten berücksichtigen sollten. Wählen Sie eine Wandgestaltung mit unterteilten Flächen, um Tapeten ausbessern oder ersetzen zu können. Eine gute Lösung für kleine Schmutzfinken ist eine Tapetenbordüre in Stuhlhöhe: Die Wand unterhalb wird mit abwaschbarer Emulsionsfarbe gestrichen, darüber kann man gestreifte, getüpfelte oder geblümte Tapeten kleben.

Die Fenster sollten, vor allem in kurzen, hellen

Der Nachthimmel, ganz einfach mit Schablonen gemalt, schmückt einen Teil der Wand, der sonst oft weiß gelassen wird. Die Tapete dazu ist gestreift – eine Kombination, die jeder Altersgruppe gefällt.

Sommernächten, leicht zu verdunkeln sein. Gut geeignet sind Rollos, die auf der Rückseite mit lichtschluckendem Stoff gefüttert sind, kombiniert mit glatten, leichten Vorhängen. Ergänzen Sie beide mit einem einfachen Querbehang, mit Muschelmuster für Mädchen oder Zickzackmuster für Jungen – eine gleichzeitig attraktive und praktische Lösung.

Kleine Kinder lieben es bunt. Vorhänge bieten eine gute Gelegenheit, verschiedene Farben und Stoffe zu verwenden. Kombinieren Sie Punkte mit Streifen, geblümten mit einfarbigem Stoff, große mit kleinen Karos. Lassen Sie die Kinder Thema und Einrichtung mitbestimmen, doch setzen Sie manchmal auch Grenzen und verwenden beliebte Figuren oder Tiere vielleicht nur für die Bettdecke und stimmen die Farben dann ab.

Betten und Bettwäsche

Betten sind Möbel, die besondere Überlegung erfordern, denn sie sollen bis in die Teenagerjahre halten. Falls Sie weitere Kinder haben oder planen, käme ein Etagenbett infrage. Allerdings sollten Kinder erst ab sechs Jahren oben in einem Etagenbett schlafen. Ein einfaches Bett oder ein Kastenbett, mit einem Tisch und Abstellfläche darunter, kann die Lösung für einen kleinen Raum sein, traditioneller wirkt ein Kastenbett, unter dem Körbe stehen. Sorgen Sie für eine feste Matratze und vor allem für die richtige Größe: Aus älteren Betten, die oft kurz und schmal sind, wird das Kind bald herauswachsen.

Bis zu einem bestimmten Grad kann man das Lebensgefühl im Schlafzimmer durch die Wahl der Bettwäsche bestimmen. Wenn Sie leuchtend bunte Wände mit einfachen, kräftigen Motiven haben, können Sie auch einen ähnlich lebhaften Bettbezug brauchen. Wenn Sie keine geeignete Bettwäsche finden, machen Sie sie selbst. Es ist nicht schwer, einen zum Farbschema passenden Stoff auszuwählen, und dazu eine Überdecke mit überzogenen Knöpfen, Bändern oder Schleifen sowie ein Kopfkissen zu nähen, wie in dem Zimmer »Die Eule und das Kätzchen«.

Die abknöpfbare Bettdecke wurde in kontrastierender Farbe eingefasst, das Kopfkissen ist aus demselben Stoff – kleine Details mit großer Wirkung, auch in Zimmern von Erwachsenen.

Ein Spielpalast

Vorschulkinder sind sehr gesellig. Sie suchen die Gesellschaft Gleichaltriger und genießen turbulente Tage voller kreativer Aktivitäten und phantasievoller Spiele. Es lohnt sich, einige Mühe darauf zu verwenden, das richtige Ambiente für diese Kinderwelt zu schaffen und das Zimmer so interessant und anziehend wie möglich zu gestalten.

In zauberhaft bemalten Kissen aufbewahrt, verwandeln sich einfache Kleidungsstücke zu dekorativen Gewändern. Diese Kiste wurde passend zu unserem Thema »Die Eule und das Kätzchen« mit Sternen dekoriert.

Für kleine Kinder ist Spielen ein wichtiger Teil des Lernprozesses. Verkleiden, in die Rolle einer wirklichen oder erfundenen Person zu schlüpfen, Einkaufen und Verkaufen von allen erdenklichen Waren in fiktiven Läden, Miniwelten, bevölkert von Puppen, Stofftieren, Piraten oder Rittern – all dies trägt dazu bei, die Vorstellungs- und Gefühlswelt von Kindern zu entwickeln.

Rollenspiele mit einer Vielzahl von Gegenständen sind eine andere Möglichkeit zum Lernen. Eine Kramkiste (vielleicht die alte Wäschekiste aus dem ersten Kinderzimmer) ist für viele Kinder ein begehrter Besitz, an den sie sich noch lange erinnern, und ein wesentlicher Bestandteil der Einrichtung. Der kindliche Wunsch, aus sich herauszugehen und sich in einen Bilderbuchhelden, seien es Feen oder Piraten, zu verwandeln, ist groß. Eine mit Stempeln bedruckte, mit Schablonen bemalte oder mit Collagen verzierte Kiste in einer Ecke des Zimmers birgt nicht nur ihre kleinen Besitztümer, sie sorgt auch für das nötige Zubehör. Die Kiste im Zimmer »Die Eule und das Kätzchen« wurde nur einfach angestrichen, die Sterne sind mit einem Kartoffelstempel aufgedruckt.

Spielzeug dekorieren

In diesem Alter sind Regale mit vielen Fächern das Richtige – freistehend, in eine Nische eingebaut oder über die ganze Breite der Wand laufend. Stellen Sie dort verschiedene Spielsachen auf, Kegel, Holztiere, Spieldosen, Puppengeschirr, Modellautos oder Bücher. Füllen Sie einen alten Setzkasten mit Holzbausteinen, Puppenstubenzubehör, winzigen Arche-Noah-Tieren, Haarspangen und Buttons. Ändern Sie die Dekoration öfter und verstecken Sie einige Dinge vorübergehend im Schrank, denn es die größte Überraschung, die Spielsachen wieder zu entdecken, vor allem an dunklen Wintertagen.

Miniaturwelten wie Puppen- und Spielhäuser, Indianerforts oder Bauernhöfe sind in diesem Alter beliebt, vor allem, wenn sie von Eltern oder Verwandten gebastelt wurden. Sorgen Sie dafür, dass es einen großen Tisch oder genügend Platz auf dem Fußboden gibt, damit die kleinen Schätze – Püppchen, Tiere, Küchengeräte, Puppenmöbel und Stoffreste – ausgebreitet werden können. Sie sind unentbehrlich, um die kindliche Spielwelt mit Leben zu erfüllen.

Zusätzlichen Stauraum schaffen

Wenn ein Kinderzimmer zum Schlafzimmer wird, werden Sie mehr Schrankraum brauchen. Haben Sie ein Bett, unter dem Platz ist, nutzen Sie ihn mit Schubladen, Körben oder Kisten auf Rollen. Stapelbare Kisten und Körbe sind eine platzsparende Lösung, um Bausteine und kleine Spielsachen aufzubewahren, oft passen sie noch unter ein Regal oder einen Schrank. In einer Nische könnte Platz für eine verchromte Kleiderstange sein, so angebracht, dass das Kind sie erreichen kann. Das Anziehen geht leichter, wenn die Kinder gut an die Kleider kommen und selber aussuchen, was sie anziehen wollen.(Trotzdem sollten Sie darauf achten, nur die Sachen aufzuhängen, die getragen werden sollen.) Sie können die Kleider(stange) mit einem einfachen Vorhang schützen: Machen Sie oben Ösen in den Vorhang, ziehen Sie eine Kordel durch und befestigen ihn an einem Brett, das genau in die Nische eingepasst wurde.

Freistehende Schränke, die möglichst gut befestigt sein sollten, sind variable Einrichtungselemente. Sie werden farblich passend angestrichen oder bleiben im Holzton, dekoriert mit Stoffpaneelen oder Holzgittern. Kleines Spielzeug verwahrt man sicher vor Babys in offenen Holzkästen, an die Wand gehängt und mit Schultafelfarbe gestrichen werden sie gleichzeitig zu kleinen Pinnwänden. In diesem Alter wollen Kinder oft wissen, wie groß sie schon sind, machen oder malen Sie also in der Nähe des Türrahmens eine Messlatte an die Wand.

Fußböden und Wände

Wenn Sie im Kinderzimmer einen gestrichenen Dielenboden haben, gibt es keinen Grund, ihn zu ändern. Kinder in diesem Alter haben ein ziemliches Tempo an sich – also ist ein nicht zu glatter und gut wischbarer Fußboden von Vorteil. Korkplatten sind ein praktischer, farblich neutraler Belag, einzelne Teppichplatten sind leicht auszuwechseln, wenn sie schmutzig geworden sind. Falls die Bemalung zu infantil geworden ist, versuchen Sie, die Dielen mit anderer Farbe und neuen Motiven zu bemalen.

Wände können ein eigenes dekoratives Leben führen. Da Kinder große Bilder lieben, die eine Geschichte erzählen, können Sie Szenen mit beliebten Märchen- oder Comicfiguren malen. Wenn Sie wasserlösliche Farben benutzen, können Sie das Wandbild später übermalen.

Fördern Sie die künstlerische Begabung Ihres Kindes, indem Sie die gelungensten Malversuche an eine Pinnwand hängen oder ein besonderes Bild einrahmen. Oder lassen Sie ein Stück an der Wand für ihre Malereien frei (Seite 110).

Entwerfen Sie einen Wandfries mit den Kindern. Geben Sie ihnen dafür ein bestimmtes Thema, das sich dann im Zimmer wiederholt – vielleicht eine Blumenvase, ein kleines Haus mit getupften Gardinen oder Klebefiguren. Bilder kann man auch fotokopieren und vergrößern und dann ausmalen, bevor sie als Fries in halber Höhe um die Wand geklebt werden. Friese sind fast unendlich variabel, und die Kinder werden beim Malen viel Spaß haben.

Zimmer für die Vorschuljahre: Einrichtungsvorschläge

Bett mit Stauraum darunter oder Etagenbett
Kleiner Tisch mit zwei Stühlen
für kreative Arbeiten
Staffelei
Meßlatte
Pinnwand für Fotos, Bilder und Zeichnungen
Zusätzliche Regale oder ein Bücherschrank
Kramkiste

Schlafzimmer »Die Eule und das Kätzchen«

Dieses Schlafzimmer (Abbildung Seite 46–47) wurde für Kinder zwischen zwei und fünf Jahren entworfen, ein Alter das Vielfalt und Abwechslung braucht: Nischen und Ecken, die Platz für Spielhäuser oder zum Verkleiden bieten, kleine Stühle und einen Tisch für gespielte Teepartys, Körbe voller Bilderbücher, leuchtende Farben und selbstgemalte bunte Bilder an der Wand bieten das richtige Ambiente.

Der Entwurf passt für Jungen und Mädchen. Ausgangspunkt ist die Bordüre mit der Eule und dem Kätzchen, zu der auch Mond und Sterne in Blau und Gelb passen. Die gestreifte Tapete kontrastiert mit den großen Karos der Vorhänge und der Kleiderkabine und dem Chambrayblau des Holzes.

Die Bettwäsche kombiniert ein romantisches Blumenmuster mit kleinen Karos, die farblich zum Apfelgrün und Chambrayblau des großkarierten Stoffes passen. Stoffe und Tapete wurden wegen der Farben ausgesucht, und auch weil es Muster sind, aus denen die Kinder nicht herauswachsen. (Wie man sie für größere Kinder umarbeitet siehe Seite 29.)

Ausgeschnittener Lampenschirm

Lampenschirme kann man passend zur Einrichtung gestalten. Skizzieren Sie mit dem Bleistift einige einfache Formen, gleichmäßig über den Schirm verteilt (die Motive wiederholen das Thema von Mond und Sternen an der oberen Wand), und schneiden sie mit einem scharfen Messer aus. Sie können auch kleine Muscheln, Knoten aus dicker Schnur, Ziermünzen oder Knöpfe aufkleben.

Vierpfostenbett

Dekorative Pfostenbetten sind eine schöne Schreinerarbeit, die man aber nur mit einiger Erfahrung selbst machen sollte. Die Möglichkeiten der Gestaltung reichen von einfachen Pfosten mit Vorhängen bis zu kunstvollen Formen, für die man eine Dekupiersäge braucht. Eine gute Idee sind auch schmale Holzpaneele mit aufgeklebten Tapetenbordüren, die das Motiv vom Bettrahmen wiederholen, ausgesägte geometrische Muster oder dreidimensionale Bilder mit Stofftieren oder Holzbauklötzen.

Man kann das Holz freihändig oder mit Schablonen bemalen oder Farbe mit dem Schwamm auftupfen. Lassen Sie sich von den Mustern hinten im Buch anregen.

Der Rahmen passt zu einem vorhandenen Diwanbett. Man baut ihn am besten an Ort und Stelle auf. Nehmen Sie 5 × 5 cm dicke Pfosten für die Ecken, die genaue Höhe hängt von Ihrer Decke ab (unsere hier sind 2 m hoch). Es sollte ausreichend Luft zwischen Decke und Bett sein. Wenn Sie den Rahmen horizontal ausmessen, lassen Sie etwas Platz zwischen Rahmen und Matratze für das Bettzeug.

Die Pfosten werden mit acht 30 cm hohen, 1,25 cm breiten Spanplatten, vier unten am Bett und vier als Baldachin oben, verbunden. Sägen Sie aus den oberen Platten mit Bohrer und Dekupiersäge in regelmäßigen Abständen Sterne aus, dann befestigen Sie alles mit Senkschrauben. Anstreichen, die unteren Platten mit Tapetenbordüre bekleben.

Spielhaus

Das Spielhaus mit drei zusammenklappbaren Wänden und einem abnehmbaren Dach ist leicht zu bauen, noch einfacher geht es mit Hartfaserplatten und ohne Dach. Wenn man das Haus in eine Zimmerecke stellen kann, braucht man nur zwei Wände. Da Kinder gerne hinein- und hinausgehen, bauen Sie eine Türe ein, mit einem Briefschlitz und einer Fahrradglocke als Klingel.

Maße

Überlegen Sie die passende Größe und schneiden dann drei Hartfaserplatten zu.(Sie brauchen keine vierte Platte, da das Haus an der Wand steht.) Wenn die Wände zusammenklappbar sein sollen, damit man das Haus leichter wegstellen kann, sollten die Seitenwände nur halb so groß sein wie die vordere Wand.

1 Beginnen Sie mit der Vorderseite und sägen Sie das Fenster aus. Beide Seiten streichen, die Vorderseite als Haus oder Laden gestalten. Sägen Sie vier 5 cm breite Hartfaserleisten für den Fensterrahmen (den Sie in einer anderen Farbe streichen können) und schrauben sie fest. Kleine Stücke können auch angeklebt werden.

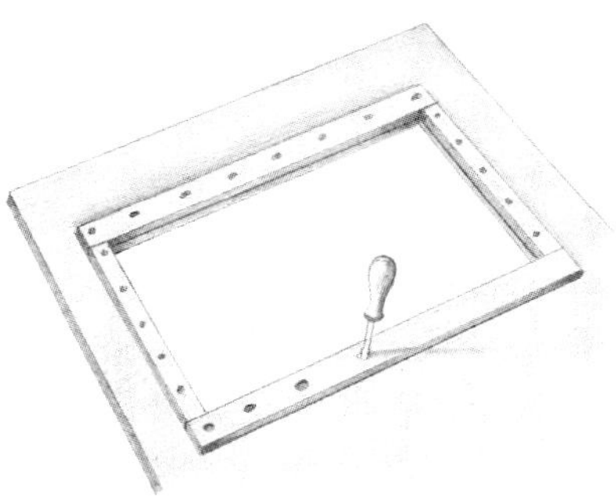

2 Sägen Sie aus einer Seitenplatte ein Fenster, aus der zweiten Fenster und Türöffnung, für den oberen Türrahmen nehmen Sie eine 7,5 cm breite Hartfaserleiste. Alles anstreichen.

3 Die einfachste Methode, die drei Wände zu verbinden, sind zwei lange Metallscharniere, die man innen an den Ecken, wo die Wände aneinanderstoßen, anschraubt, und mit denen man die Wände auf- und zuklappen kann. Überkleben Sie die Scharniere mit festem schwarzen Klebeband, damit die Konstruktion stabiler wird und die Kinder sich nicht verletzen können. Man kann die Ecken innen auch durch vertikale Stützen verstärken, aber dann können Sie das Haus nicht mehr zusammenklappen.

4 Für die Türe schneiden Sie eine Platte passend zur Öffnung zu. Sägen Sie ein Loch für den Briefschlitz hinein und schneiden Sie ein Stück für die Klappe zu, das dann mit

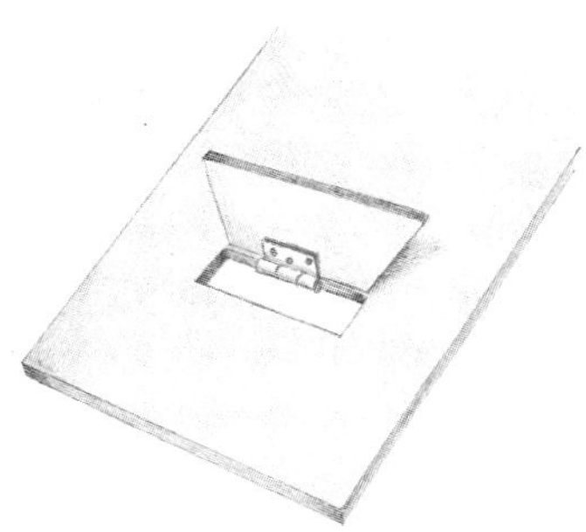

Scharnieren befestigt und überklebt wird.

5 Türflügel an Scharnieren befestigen und alles streichen.

6 Für die Fensterklappe ein 10 cm breites Brett in der passenden Länge zuschneiden. Anstreichen, trocknen lassen und mit dickem Klebeband am Fensterrahmen befestigen, so, dass man das Brett herunterklappen kann, wenn man es nicht braucht. Damit es aufgeklappt stabil ist, schrauben Sie Haken in Brett und

Dazu braucht man

1,25 cm starke Hartfaserplatten
Metallscharniere
starkes schwarzes Klebeband
Holzdübel
Dekupiersäge
Metallketten, Haken, Ösen
Nägel und Schrauben
Türgriff aus Holz
Holzkleber
wasserlösliche Farbe
Fahrradklingel

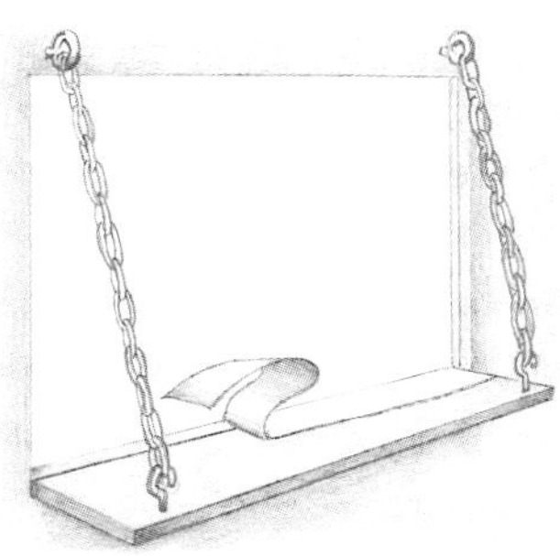

Fensterrahmen und hängen es an einer Kette auf.

7 Die obere Klappe am Fenster wird genauso gemacht, die Haken werden außen am Brett und am Dach befestigt.

8 Das Dach aus vier Hartfaserplatten klappt von der Mitte zu den Seiten herunter. Scharniere zur Verstärkung mit schwarzem Klebeband überkleben, mit Holzstäben gewinnen Sie zusätzliche Stabilität. Bohren Sie vorne zwei Löcher (der Neigung folgend wie verlängerte Kreise), und zwei hinten in derselben Linie, durch die Sie die Stäbe schieben. Anstreichen.

Kabine

Schränke aus Stoff wie diese hübsche Kabine sind in einem Kinderzimmer vielseitig verwendbar. Machen Sie ein Holzgestell, vielleicht mit einer Kleiderstange, das mit Stoff überzogen wird. Wenn das Kind größer wird, kann man den Stoff abnehmen und die Kabine als einfaches Regal nutzen, oder den Stoff gegen einen anderen, aktuell gemusterten austauschen.

Dazu braucht man

Rahmen aus Holz
Stoff
passendes Nähgarn

Maße

Diese Kabine ist 185 cm hoch, 120 cm breit und 91 cm tief, Sie können die Maße jedoch beliebig verändern.
Schneiden Sie Stoff für die Rückseite und geben in der Breite 4 cm, in der Höhe 6,5 cm zu, bei den Seiten dann Zugabe in der Breite je 4 cm, in der Höhe je 6,5 cm. Für die Vorderseite schneiden Sie zwei Stoffbahnen, jedes mit halber Breite, plus je 4 cm in der Breite und 6,5 cm in der Höhe. Achten Sie beim Zuschneiden darauf, dass das Muster immer zusammenpasst.
In diesen Maßen ist ein Saum von 4 cm enthalten, unser Saum ist 13 cm. Wenn Sie einen längeren Saum wollen, schneiden Sie entsprechend länger zu. Liegt Ihr Stoff breit oder brauchen Sie nur eine kleine Kabine, können Sie die vorderen und die seitlichen Bahnen in einem Stück lassen, oder mit nur zwei Stoffbahnen arbeiten, die sich hinten in der Mitte treffen.
Für das Dach wird der Stoff in den enstprechenden Maßen plus je 4 cm in Länge und Breite zugeschnitten.
Für den Zickzackbehang schneiden Sie 23 cm breite Streifen diagonal zu, einen für Vorderseite und zwei für die Seitenwände plus 15 cm. Beim Zusammennähen auf den richtigen Verlauf der Karos achten.
Für die Bänder vier 40,5 × 5 cm große Streifen schneiden.

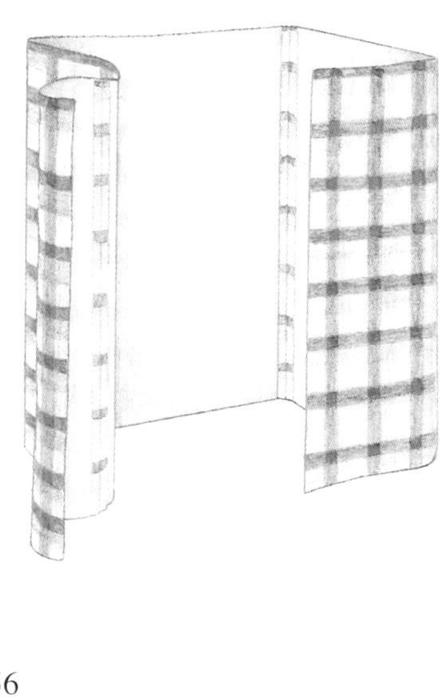

1 Rechts auf rechts, Schnittkanten aufeinander, wird eine vordere Bahn mit 2 cm Saum an eine seitliche genäht. Achten Sie auf den richtigen Verlauf der Karos. Die Rückseite wird genauso genäht.

2 Die Mittelkante vorne und die ganze untere Kante 1,25 cm, dann 4 cm einschlagen, bügeln, säumen.

3 Die Bänder der Länge nach zusammenlegen, Schnittkanten aufeinander, dann noch einmal auf Mitte falten. Bügeln. Nähen, Schnittkanten am Ende einstecken. Die fertigen Bänder werden mit der Hand innen an beide Seiten der Öffnung genäht, ein Paar in halber Höhe, das andere etwa ein Viertel von oben.

4 Streifen für den Zickzackbehang rechts auf rechts, Schnittkanten aufeinander, legen. Schneiden Sie ein Muster mit 12,5 cm hohen Dreiecken, legen es 7,5 cm von der Oberkante und je 1,25 cm vom Ende des Streifens auf und zeichnen die Umrisse. Entlang dieser Linien heften, Dreiecke von 6 mm Seitenlänge mit Nahtzugabe zuschneiden, wenden, ausbügeln, Ecken versäubern.

5 Mit der rechten Seite nach außen wird der Zickzackbehang rund um den oberen Stoffrand angebracht.

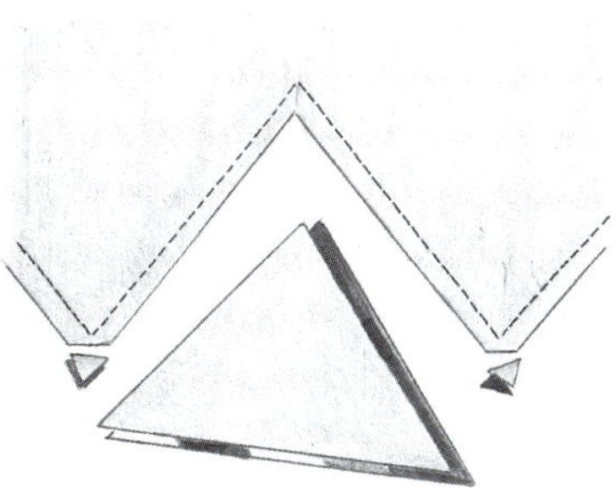

6 Den Stoff für das Dach an allen vier oberen Ecken 2 cm einschlagen, rechts auf rechts heften, dann Vorder- und Seitenteile mit dem Zickzackbehang annähen, Säume an den Ecken versäubern. Sichtbare Heftfäden entfernen, ausbügeln.

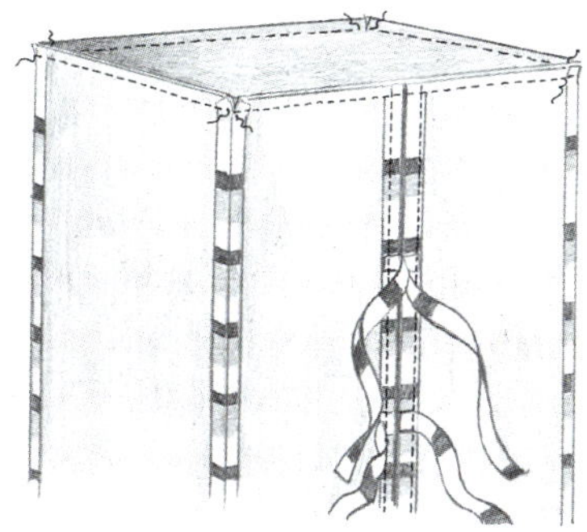

Amazonas-Schlafzimmer

Man fühlt sich in diesem Zimmer fast wie im Dschungel und glaubt, in der Ferne die Wasserfälle des Amazonas donnern und tropische Vögel kreischen zu hören. Ausgangspunkt der Dekoration ist die bunte Tapetenbordüre mit Dschungelszenen. Das Bett mit den Vorhängen wirkt wie ein Zelt, aus dem der Forscher nach erholsamem Schlaf morgens zu seiner Expedition aufbricht. In der Hängematte räkeln sich Teddys und Puppen, der Teppich mit dem gefährlichen Krokodil lädt zu Abenteuerspielen ein. Die Stoffe sind schlicht und einfarbig, wie es zu einem Außenposten in den Tropen passt, die Farben in lebhaften blaugrünen, roten und orangen Dschungeltönen gehalten.

In diesem Alter werden Kinder mit Vergnügen bei der Auswahl der Einrichtung und bei einfachen Handwerksarbeiten helfen. Ausschneiden und Aufkleben sind ideale Aufgaben für kleinere Kinder. Sie werden sich besonders freuen, ihre eigenen Werke aufzuhängen.

Der Dschungel ruft – dieser Raum wirkt mehr wie ein Abenteuerspielplatz denn als Schlafzimmer. Wände in leuchtend-durchsichtigem Grün lassen das Zimmer weit wirken, die Farben der Tropen schmücken auch Truhen und Bettvorhänge. Die Tiere scheinen aus der Bordüre zu springen, um sich auf dem Bett, auf Vorhängen und Teppichen wiederzufinden. Bunt eingefasste Vorhänge mit applizierten Papageien, an Schleifen aufgehängt, schützen vor Licht und vervollständigen gleichzeitig die Dschungelszene.

Giraffenstaffelei

Gestalten Sie eine Staffelei passend zur Atmosphäre des Raums. Ermutigen Sie die Kinder, dafür ein Bild oder Dekorationen zu malen, denn sie wollen bestimmt ein Wörtchen mitreden.

Dschungelkiste

In zwei Grüntönen des Regenwalds bemalt, kann diese Truhe Kleidung, Tropenhelm und allen möglichen Krimskrams bergen. Bekleben Sie die Truhe mit Tierbildern, ausgeschnittenen Motiven aus der Bordüre, fotokopierten Bildern, die das Kind dann ausmalen kann, oder bemalen Sie alles mit Palmen, Bananenblättern, Bambus und Schilf. Nach dem Bemalen oder Bekleben wird die Kiste mehrmals mit farblosem Lack überzogen, jede Schicht muß gut trocknen.

Bewegliches Dschungelbild

Ein wechselndes Bild aus Filz, dessen einzelne Teile die Kinder bewegen und so ihr eigenes Dschungeltheater spielen können, passt ideal zum Dschungelfieber-Thema. Dunkelgrüner Filz wird auf eine einfache Pinnwand aus Kork geklebt oder mit der Heftzange angeheftet. Längsstreifen aus selbstklebendem Band werden zu Palmstämmen, dazwischen klebt man aus Filz geschnittene Baumkronen und Dschungeltiere. Die Kinder können die Szenerie im Palmenwald immer wieder ändern.

Wandanstrich

Das schimmernde Grün entsteht durch einen Voranstrich mit blassem Gelb. Wenn er trocken ist, wird eine Schicht mit wasserlöslicher, verdünnter, blaugrüner Farbe darüber gestrichen, um die durchscheinende Textur zu erzielen, die an den tropischen Regenwald erinnert. Es gibt auch Tapeten, die diesen malerischen Effekt imitieren.

Bettbehang

Dazu braucht man

Segeltuch
passendes Nähgarn
Druckknöpfe
große Ösen und Ösenstanze
dicke Schnur
Klebeband
Acryl- oder Stofffarbe

Der zeltähnliche Bettbehang aus drei Stoffbahnen, mit Klettband am Bettrahmen befestigt, verwandelt das Etagenbett in ein Dschungelspielhaus – sogar mit einem aufrollbaren Fenster für den unerschrockenen Entdecker. Tropische Pflanzen wurde mit Acrylfarben aufgemalt, bunter Dekorationsstoff hat dieselbe Wirkung und ist waschbar. Man kann auch Applikationen aufnähen oder die Motive mit Schablonen malen.

Maße

Messen Sie den Bettrahmen und geben Sie beim Zuschneiden für den Saum rundum 4 cm zu.

1 Drei Stoffbahnen zuschneiden. Wenn der Stoff nicht breit genug ist, nähen Sie mit Flachstich zusammen. Alle Kanten 5 mm einrollen, 4 cm Saum mit der Maschine nähen, Briefecken nähen (Seite 41,10).

2 Für das Fenster aus einer Bahn ein Rechteck schneiden, jede Ecke 5 cm tief schräg einschneiden, Schnittkanten einschlagen, doppelt säumen.

3 Für die Fensterklappe ein Rechteck zuschneiden, 13 cm breiter und 14,5 cm länger als die Öffnung. Unten und an den Seiten mit 1,25 cm doppelt säumen. Für die Bänder werden zwei 9 × 30,5 cm große Stoffstreifen zugeschnitten. Rechts auf rechts halb zusammenlegen, beide Längsseiten und ein Ende 5 mm säumen. Wenden.

4 Um die Klappe zu befestigten, legt man sie, rechts auf rechts, über die Öffnung, die Schnittkante liegt etwas über der oberen Fensterkante. Schieben Sie beide Schlaufen zwischen Klappe und Stoff, Schnittkanten parallel zur Klappe. Mit 4 cm Saum über die Klappe nähen. Ziehen Sie die Klappe herunter, so, dass sie die Fensteröffnung bedeckt und die Schlaufen darüber hängen. Nähen Sie, etwas über der Öffnung,

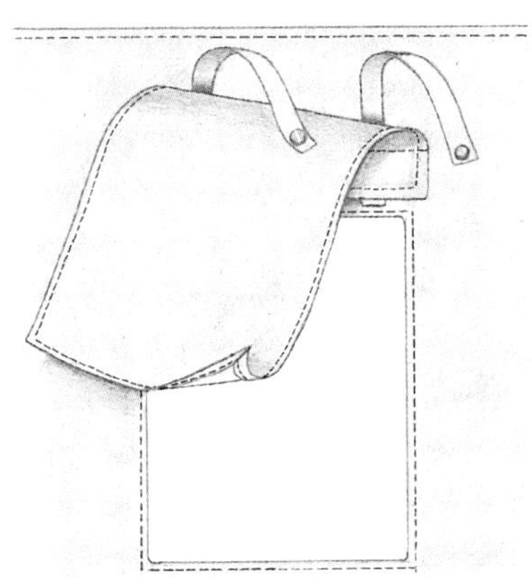

Druckknöpfe auf den Stoff und auf die Bänder. Mit ihnen bleibt das zusammengerollte Fenster oben.

5 An die andere vordere Plane (wahlweise in die Fensterplane) machen Sie unten an der Seite zur Öffnung eine Öse. Ziehen Sie eine Kordel durch, mit der die Plane am Bettpfosten hochgehalten wird.

6 Nähen Sie Klettband auf den oberen Rand jeder Plane und befestigen es mit der Haftseite am Bettrahmen.

7 Es gibt verschiedene Möglichkeiten, die Planen zu dekorieren. Stofffarben müssen nach Gebrauchsanweisung fixiert werden, damit Sie den Stoff gut waschen können.

Dschungelvorhang mit Schleifen

Dieser fröhliche Dschungelvorhang, auf dem bunte Papageien schwirren, belebt jedes Fenster. Ungefüttert und mit einem bunten Streifen eingefasst, hängt er an Schleifen, die farblich mit den Bildern am Bett harmonieren oder kontrastieren können. Für die Vögel können Sie Stoff oder Filz nehmen, Filz allerdings kann man nicht selbst waschen und muss ihn reinigen lassen.

Dazu braucht man

Vorhangstoff
farblich kontrastierenden Stoff
passendes Nähgarn
Filz oder Stoff für die Applikationen
aufbügelbaren Stoff
Stickgarn

Maße

Der Stoff sollte 1½-mal so breit sein wie die Vorhangstange, wenn der Stoff zu dicht fällt, kommen die Vögel nicht richtig zur Geltung. Die Länge messen Sie von der Stange bis zu der Höhe über dem Boden, wo die Vorhänge aufhören sollen, plus 15 cm.

1 Stoff zuschneiden, eventuell etwas Weite zugeben. Aus dem andersfarbigen Stoff schneiden Sie im Fadenlauf 10 cm breite Streifen. Nähen Sie die Streifen passend zur Länge und Breite des Vorhangs zusammen. Der Länge nach links auf links auf halb legen, ausbügeln, dann die Schnittkanten fast bis zur Mitte umlegen, ausbügeln.

2 Schnittkante des Stoffes in das gefaltete Band legen, anheften, nähen. Nähen Sie Briefecken an den Enden. Die obere Kante wird ebenso genäht, die Schnittkanten werden jedoch eingenäht und nicht als Briefecke gearbeitet.

3 Die Schleifen werden in einer anderen Farbe, aber aus einem ähnlichen Stoff genäht. Schneiden Sie so viele 45 × 5 cm große Streifen wie für die Breite, je mit Abstand von 20,5 cm, gebraucht werden. 6 mm einschlagen, bügeln, der Länge nach links auf links zusammenlegen, bügeln, die gefalteten Enden zusammennähen. Schleifen fest hinten an den Vorhang annähen.

4 Vögel aus aufbügelbarem Stoff nach den Mustern (Seite 133) schneiden und nach Gebrauchsanweisung auf Filz bügeln. Papier auf der Rückseite abziehen und die Vögel auf die rechte Seite des Vorhangs bügeln. Die Figuren am Rand mit mehreren Fäden Baumwollstickgarn in Kreuzstich besticken.

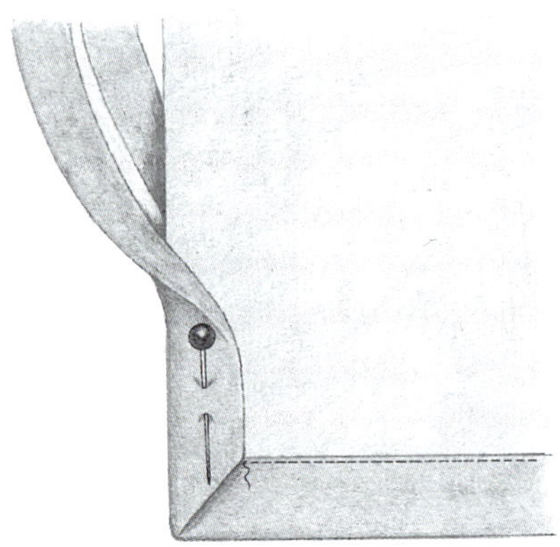

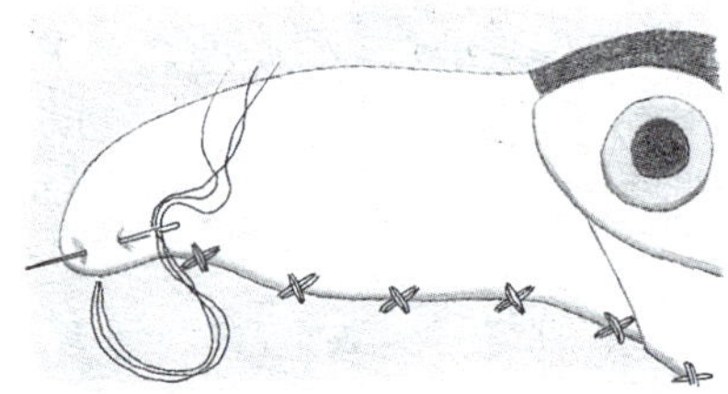

Teddys Hängematte

Diese Baumwollhängematte garantiert erholsame Mußestunden für alle Puppen und Stofftiere. Wenn hier viele Tiere wohnen sollen, hängen Sie die Matte in eine Ecke, vielleicht wie hier zwischen Wand und Bett, oder an einen Haken an der gegenüberliegenden Wand. Hängen Sie die Matte so auf, dass Kinder nicht in Versuchung kommen, hineinzuklettern.

Dazu braucht man

starkes Segeltuch oder Bezugsstoff
passendes Nähgarn
12 große Ösen und Ösenstanze
2 große Vorhangringe
weiße Kordel

1 90 × 120 cm Stoff zuschneiden. Rechts auf rechts auf die Hälfte, 1,25 cm säumen, dabei eine Öffnung zum Wenden lassen.

2 So umlegen, dass der Saum in der Mitte verläuft, an den Schmalseiten mit 1,25 cm säumen, Ecken versäubern. Wenden, Öffnung zunähen, bügeln.

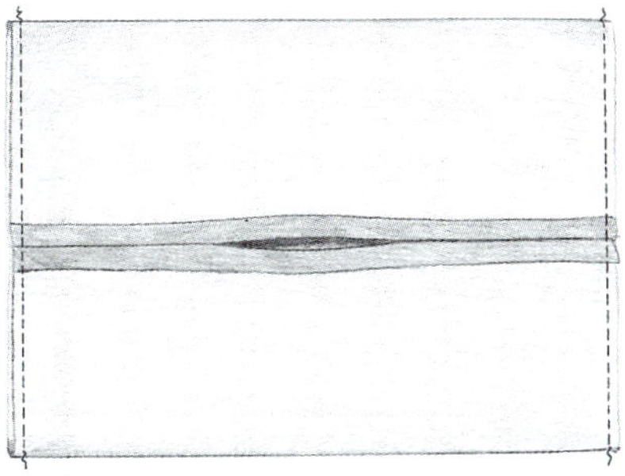

3 Alle 5 cm mit der Ösenstanze Ösen machen.

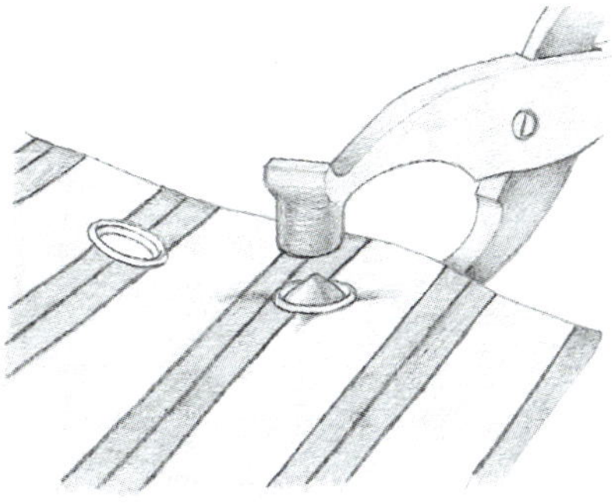

4 Durch jede Öse ein Stück Kordel ziehen und mit dem Vorhangring verbinden.

5 Hängen Sie die fertige Hängematte an zwei feste Haken, oder an einen Haken und den Bettrahmen.

Sumpfteppich mit Applikationen

Dazu braucht man

Baumwollteppich
Stoff in zwei verschiedenen Grüntönen
eierschalenfarbenes Leinen oder Jute
Filz in verschiedenen Farben
passendes Nähgarn
Textilkleber

Eine wunderbare Spielmatte, die sich in der Phantasie der Kinder schnell in einen gefährlichen Sumpf verwandelt. Nehmen Sie für den Untergrund einen hellen, leicht genoppten Baumwollläufer und gestalten Sie darauf Szenen und Themen, die mit Wasser zu tun haben. Falls Sie Krokodile zu schrecklich finden, wählen Sie Seerosen, hüpfende Frösche oder einen Schwarm Fische. Aus einem grünen Teppich könnte eine Wiese mit Libellen, kleinen Vögeln, reifen Weizenähren oder leuchtend gelben Sonnenblumen werden.

1 Schneiden Sie die Applikationen nach den Mustern (Seite 134–135) mit 5 mm Saumzugabe rundum. Bei Filz brauchen Sie keine Saumzugabe. Nehmen Sie helles Leinen oder Jute für die Trittsteine. Für den Körper des Krokodils nehmen Sie helleres Grün, dunkleres für den geschuppten Rücken. Schneiden Sie das größere Muster viermal, davon zweimal seitenverkehrt, das schmale kleinere Muster einmal, das lange schmale einmal und noch einmal seitenverkehrt. Schneiden Sie das Gesicht des Krokodils und die Seerosen aus Filz.

2 Den Rand der Trittsteine 6 mm einschlagen und mit Zickzackstich säumen. Blütenkreise auf die Blumen nähen. Das Krokodil rundum schmal säumen.

3 Nähen Sie einen schmalen Abnäher in der Mitte des Krokodils, vom Kopf abwärts auf der rechten Seite. Augen aufnähen und die schwarzen Filzstücke hineinkleben. Die Nüstern werden aus dem grünen Filz ausgeschnitten und mit

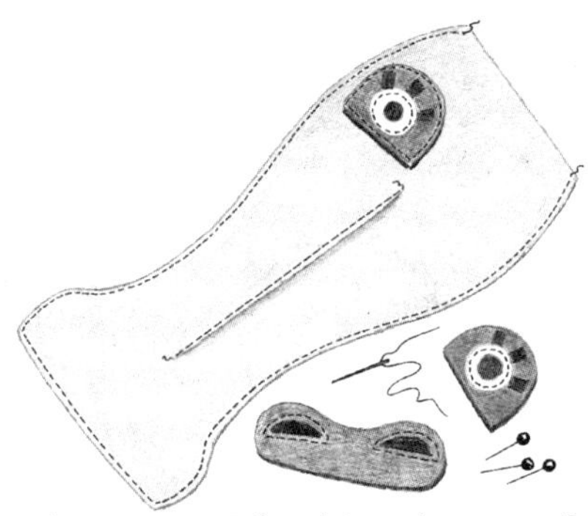

schwarzem Filz hinterlegt, aufnähen.

4 Mit 6 mm Saum werden die einzelnen Teile des Krododils rechts zusammengenäht.

5 Ein Teil des Schuppenrückens wird mit seinem seitenverkehrten Pendant rechts auf rechts mit 6 mm Saum zusammengenäht, dann das andere Teil ebenso. Beide Seiten rechts nebeneinander legen, mit 6 mm Saum zusammennähen, eine Öffnung lassen. Wenden, bügeln und die Öffnung zunähen.

6 Das Stück, das nach oben kommt, 6 mm unter das kurze schmale Stück legen, bügeln. Auf die Mitte des breiten Rückenstücks legen und am Rand des oberen Stückes festnähen. Dann wird das ganze Teil mit der Hand an den Körper des Krokodils genäht.

7 Heften Sie die beiden langen schmalen Teile rechts auf rechts zusammen, dann nähen Sie einen 6 -mm-Saum und lassen an der rechten Seite eine Öffnung. Wenden, bügeln und an den Schwanz nähen.

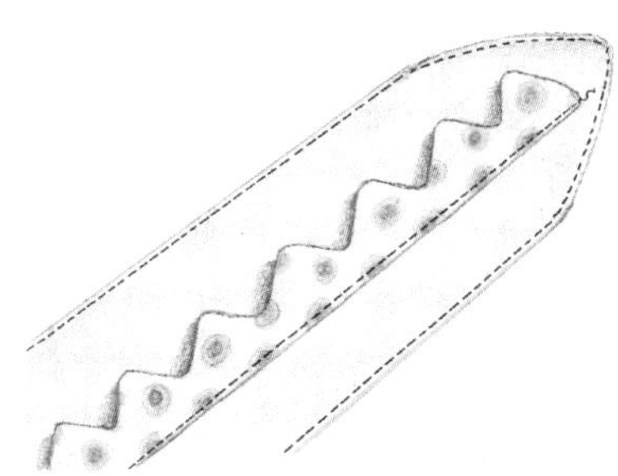

8 Legen Sie das Krokodil schräg über den Teppich und die Trittsteine in der anderen Diagonale. Die Seerosen werden auf der restlichen Fläche verteilt. Nähen Sie alles mit der Hand auf.

Grundschuljahre

Das Leben der Kinder – und auch Ihres – ändert sich dramatisch, wenn sie in die Schule kommen. Immer öfter erscheinen Freunde zum Spielen oder zum Tee, die Unabhängigkeit wächst mit neuen Aktivitäten nach der Schule und bei Wochenendausflügen. Jungen und Mädchen, die noch vor kurzem stundenlang glücklich zusammen gespielt haben, gehen nun ihre eigenen Wege. Jungen wollen nichts mehr mit Mädchen zu tun haben, die mit Puppen spielen, Mädchen mögen keine rauhen Kabbeleien auf dem Spielplatz.

Mit der Schule kommt auch der Zwang, sich anzupassen, wie alle zu sein, die neueste Spielzeugmode mitzumachen und alles Mögliche zu sammeln – von grässlichen Stickern bis zu Strandgut. Diese Besitztümer brauchen zusätzlich Platz, im Kleinen wie im Großen. Wenn es möglich ist, beteiligen Sie die Kinder bei Änderungen der Einrichtung. Es macht ihnen Spaß, Bilder an Wänden, Böden oder Möbeln zu malen, oder auf Stoff, aus dem man dann kleine Vorhänge nähen kann.

Fast wie auf hoher See geht es in diesem Kinderzimmer zu (Seite 74). Es ist mit einem Bootsbett ausgestattet, das mit Flaggen und Segeln fast seetüchtig aussieht: abenteuerlustige Kinder können zu einer imaginären Seereise aufbrechen.

Fröhliche Streifen in der klassischen Farbkombination Rot-Weiß-Blau schmücken Beutel, Rollo, Flaggen und Kissen, Bootsmotive finden sich auf der Bettwäsche und als Applikation auf den weißen Kissen.

10

Ein Zimmer zum Großwerden

Ältere Grundschulkinder verbringen viel Zeit in ihrem Zimmer und spielen mit ihren Freunden, wenn sie es nicht vorziehen, am Küchentisch zu sitzen und sich bei den Hausaufgaben helfen zu lassen.

Sie sind ständig auf Trab – Wände, Böden, Möbel und Textilien haben viel zu erdulden. Wenn Sie neue Möbel anschaffen, achten Sie darauf, dass sie respektlosen Härtetests wie Wackeln, Klettern und Herumtoben gewachsen sind.

In diesem Alter brauchen Kinder so viel Platz wie möglich, um ihre Eisenbahn fahren zu lassen, Bauernhöfe, Spielzeugautosammlungen oder komplizierte Brettspiele aufzubauen. Da Schmutzflecken und wilde Spiele weniger werden, wäre ein unempfindlicher Teppichboden eine gute Lösung. Wenn Sie Holzböden bevorzugen, könnten Sie in einen etwas teureren Teppich investieren, der hält, bis das Kind das Haus verlässt, und auch später noch seinen Dienst tut.

Wichtig ist, dass ein Teil des Kinderzimmers als Arbeitsplatz eingerichtet wird, mit einem Tisch, einer praktischen Lampe und einem robusten Stuhl, mit Buchregalen und natürlich viel Abstellraum. Eine zusätzliche Arbeits- und Spielfläche wäre ideal – für Basteleien, die manchmal mehr Platz brauchen und für den Privatzoo mit Rennmäusen, Hamstern, Kaulquappen oder Goldfischen, nicht zu vergessen einen Miniaturgarten mit Kresse, Feuerbohnen oder Knollen, und Sammlungen von Muscheln, Steinen, Zweigen und Blättern. Der kindliche Sammlertrieb wird überall fündig, auch in der Schule, bei Freunden und in der freien Natur.

Werfen Sie die kleinen Tische und Stühle der Vorschuljahre nicht weg. Sie sind noch nützlich für Brett- und Kartenspiele, zum Lesen und Schreiben. Versuchen Sie, einen kleinen freistehenden Spiegel, mit Kamm und Bürste, unterzubringen – als Aufmunterung, sich herzurichten, bevor die Kinder zur Schule gehen. Vor allem Mädchen genießen es, eine Art Frisierkommode zu haben, in der sie auch ihren Schmuck und anderen Krimskrams aufheben können. Das Einfachste wäre ein kleiner runder Tisch mit einer schönen Decke. Auch Kommoden eignen sich gut, und man kann kleine Weidenkörbe, gefüllt mit Haarschleifen und Hüten, darauf stellen. Jungen wären glücklich mit einem Korb voller Katapulte, Wasserpistolen und Fußballkarten.

Dekoration

In diesem Alter lieben Kinder Räume mit einem bestimmten Thema. Eine Seemannskajüte (Seite 68–69) ist der Traum vieler Jungen. Angeregt vom Stoff des Bettbezugs mit Booten, Flugzeugen und Autos wurde das Zimmer um das speziell hierfür gebaute Bett gestaltet. Die anderen Möbel können später leicht umgearbeitet werden, wenn die Leidenschaft für die Seefahrt vorbei ist. Bis dahin ist der Schutz eines bequemen Bettes mit Geheimfächern für versteckte Schätze die beste Verteidigung gegen marodierende Piraten. Ein echtes, möglichst kleines Dingi am anderen Ende des Zimmers, gefüllt mit Kissen, ist ein guter Platz zum Lesen und Spielen.

Andere bei Jungen beliebte Themen sind Ritter und Wappen, Bleisoldaten, Zirkus und Fußball. Ein Fries mit ausgeschnittenen Fußbällen in Originalgröße wäre eine interessante graphische Lösung zur Teilung einer Wand, ebenso wie verschiedene Schilde und Banner. Solche Motive können auch auf einfarbigen Stoff appliziert werden. Tapetenbordüren sind ein guter Ausgangspunkt für die Dekoration.

Für Mädchen eignen sich einfache Blumenmuster oder Stoffe mit Karos, Streifen und Tupfen, mit Punkten und Pünktchen auf Bettwäsche, Vorhängen und Volants. Dazu passt eine Bogenschabracke oder ein einfaches Rollo, mit Stoffrosetten verziert.

Stoffbezogene Schachteln, ausgefütterte Körbe oder Wäschebeutel in verschiedenen Farben sorgen für lebendige Kontraste.

Mit den Stoffen für Sitzkissen, Polsterrollen und Decken haben Sie viele Gestaltungsvarianten, auch als Gegengewicht zu Bettwäsche und Vorhängen.

Die Stoffe, die wir für die Zimmer der kleinen Prinzessin (Seite 83) und für den Seemann ausgesucht haben, sind nicht eigentlich kindlich. Aber sie sind phantasievoll dekoriert – als Betthimmel wie im Märchenschloß, als Flaggen, die über dem Bett flattern, so dass man glaubt, in einem Schiff auf hoher See zu fahren. Es ist sinnvoll, »erwachsene« Stoffdessins zu wählen. Frische Karos, einfache Streifen oder fein gemusterter Damast passen bei Jungen wie Mädchen und

Jedes Zimmer gewinnt mit bunt bemalten Möbeln. Sie haben die Wahl zwischen abgestimmten oder kontrastierenden Farben, und Sie können Bilder aufkleben, wie hier die Bullaugen auf das Bootsbett (Seite 74). Die Oberflächen werden mit farblosem Lack auf Wasserbasis geschützt.

machen lange Freude. Sie können vielfältig verwendet werden – als einfache Fensterrollos, Sitzkissen, plissierte Bettvolants, als schlichte Vorhänge, hinter denen sich das Bett verbirgt oder schön gerafft unter einer Schabracke mit Muschel- oder Zinnensaum.

Kaufen Sie einfarbige Stoffe für offene Regale, Böden und Betten, die bunt dekoriert werden, oder mit Mustern, die das Kind ausgesucht hat. (Die Wellen auf Seite 78 sind ganz leicht zu machen.) Die fertigen Stücke können Sie als Rollo, Wandbild, Türvorhang oder Teppich verwenden.

Wenn Sie beim Einrichtungsschema konsequent sein wollen: Stoffe und Tapeten eignen sich zum Beziehen von hölzernen Teekisten, die so zu Spielzeugtruhen werden, große Blechkisten werden bemalt und mit Collagen beklebt, die zum Stil des Zimmers passen – seien es Piraten, Comicfiguren oder Blumenbuketts.

Wenn Ihre Kinder zu erwachsen für die Muster ihrer Bettwäsche werden, nähen Sie neue Bezüge oder applizieren Sie einfache Motive mit Einfassstich auf weiße Baumwolle. In diesem Alter können die Kinder beim Malen und bei einfachen Bastelarbeiten natürlich schon helfen, zum Beispiel beim Abschmirgeln und Streichen von Möbeln oder bei der Auswahl von Stoffen und Bildern. Sie werden gerne in Zeitschriften und Katalogen nach Anregungen suchen. Fragen Sie nach ihren Ideen, bevor Sie ihnen – und sei es unbewußt – Ihren eigenen Geschmack aufdrängen. Ermutigen Sie die Kinder, Vorlieben und Antipathien zu erklären, selbst wenn die Vorschläge Ihnen manchmal nicht gefallen. Sie können sich dann auf Details wie Schranktüren, das Kopfende des Betts oder die Tapetenbordüre beschränken.

Stauraum

Einiges von dem Spielzeug aus der Kindergartenzeit wird mit Sicherheit weiterleben, und das größer gewordene Kind wird sie von Zeit zu Zeit freudig entdecken, um mit nostalgischem Vergnügen wieder damit zu spielen. Sie brauchen jetzt vor allem viel Platz für neue Sachen – Brettspiele wie »Mensch ärgere Dich nicht«, Chemiekästen, Musikinstrumente, Blumenpressen oder ein Fernrohr.

Bauen Sie zusätzliche Bretter an ein schon existierendes Regal oder schaffen Sie einen freistehenden Schrank oder eine Kommode für Brettspiele und Sportausstattung an. Auch jetzt bewährt sich eine Kabine (Seite 56).

Zusätzlichen Stauraum gewinnt man mit einem variablen Bettsystem oder mit eingebauten Schränken und Regalen an der Wand oder in einer Wandnische. Planen Sie die Einteilung der Regalfächer so, dass sowohl Lexika wie Kricketschläger, Stoffpuppen wie Fußbälle hineinpassen.

Ein Nachttisch ist für Mädchen und Jungen in diesem Alter unentbehrlich – für den Wecker, eine Lampe, etwas zu lesen und zu trinken. Das hilft dem Kind auch, morgens und abends unabhängiger zu werden.

Stofftaschen an der Wand sind praktisch zum Aufbewahren von Sportkleidung und Turnschuhen wie auch für Schals, Hüte und Schuhe.

Wenn Sie ein Einbaubett kaufen, überlegen Sie, ob man nicht auch Regale (Seite 90) ans Kopfende oder unter den Bettrahmen bauen kann. Wenn es der Platz erlaubt, stellen Sie das Bett nicht direkt an die Wand – eine Kommode am Kopfende bietet zusätzlichen Platz.

Arbeitsecke

Die Kinder verbringen jetzt mehr und mehr Zeit am Schreibtisch. Sorgen Sie für einen rückenschonenden Stuhl in der richtigen Höhe und für eine Lampe mit Schwenkarm oder eine Tischlampe. Wenn kleinere Kinder im Haus sind, achten Sie darauf, dass die Leitungen nicht frei herumliegen.

Vor oder neben den Schreibtisch kommt ein Pinnbrett an die Wand, auch ein Bücherregal für die wichtigsten Nachschlagewerke sollte nicht fehlen. Fehlt es dafür an Platz, schrauben Sie Rollen an eine Holzkiste, die man mit einem Seil heranziehen kann. Dieses mobile Möbel eignet sich auch für Mal- und Bastelsachen, die vor kleineren Kindern in Sicherheit gebracht werden müssen, und es wird, mit einem Paar bean bags, zum Ersatztisch für eine fröhliche Spielrunde mit Freunden.

Nützen Sie die Wände für interessante Plakate wie Landkarten, Zahlenbilder und Alphabete. Machen Sie mit den Kindern eine Fotocollage aus alten Familienbildern, und erzählen dabei ein bisschen aus der Familiengeschichte.

Wenn die Kinder jetzt systematisch Lesen und Schreiben lernen, sollten ausreichend Hefte, Füller und Stifte in hübschen Töpfen bereitstehen, dazu eine gut sichtbare Uhr, denn auch die Zeit muß gelernt werden.

Ein Miniaturgraphikschrank oder tiefe, offene Regalfächer in Reichweite sind nützlich, um besonders schöne Bilder, Schulbücher, Ferientagebücher, Collagen, Fotoalben und Stammbäume aufzubewahren.

Zimmer für ein Grundschulkind: Einrichtungsvorschläge

Bett mit einer guten Matratze
Nachttisch und Lampe
Schreibtisch, Stuhl, Leselampe
Frisierkommode und/oder Spiegel
Zusätzliche Arbeitsplatte
Hängeregale, Kommode
oder Schrank für Kleider
Stauraum für Spiele, Sportausrüstung
oder Bastelwerkzeug

Der eher kleine Arbeitsbereich in einer Ecke des Seemannszimmers passt gut zu der Schiffsausstattung. Eine einfache Lampe, ein solider Schreibtisch und eine Weltkarte machen die Konzentration bei den Hausaufgaben leichter. Das Tageslicht fällt hell aus dem Dachfenster und ermöglicht tagsüber gutes Arbeiten und Lesen.

Bett und Bettzeug

In diesem Alter kommen Etagenbetten zu Ehren. Die jetzt älteren Kinder können gefahrlos zum Schlafen hinaufklettern, während die jüngeren die Gute-Nacht-Geschichten in der Höhe genießen werden, bevor sie zum Schlafen in das untere Bett steigen.

Etagenbetten sind vor allem nützlich, wenn sich zwei Kinder ein Zimmer teilen oder als Gästebett bei einem Einzelkind. Sonst können Kinder auf Besuch im Schlafsack auf einer Schaumstoffmatratze schlafen, die aufrecht im Schrank oder unter einem Bett anderswo in der Wohnung verwahrt wird.

Seemannszimmer

Das Traumzimmer für die kleinen Schiffsliebhaber auf Seite 68–69 ist gespickt voll mit maritimen Dekorationsideen und enthält alles, was ein Bilderbuchpirat oder Seemann für die kühnen und abenteuerlichen Abenteuer auf hoher See braucht.

Streifen sind ein zeitloses Design, das für Jungen und Mädchen passt. Verwenden Sie Taue bei den Accessoires und lassen Sie sich beim Malen zu schönen Seestücken, Karten von Schatzinseln oder Muschelcollagen inspirieren, nähen Sie Wäschebeutel, beflaggen Sie die Bettpfosten, hängen Sie Segel auf oder machen Sie einen Betthimmel mit Bullaugen. Ermutigen Sie die Kinder, ihre eigenen seemännischen Ideen beizutragen.

Ein einfaches Boot aus Holzresten oder sogar aus Pappkartons und Flicken wird Kindern Spaß machen. Streichen Sie es in leuchtenden Marinefarben und lassen das Kind einen Namen oder eine Zahl auf den Rumpf malen. Da alle Kinder Meer, Schiffe und Strände lieben, wird es an Ideen nicht fehlen.

Bootsbett

In diesem bunten Boot verbirgt sich ein normaler Bettrahmen aus 5 × 5 cm dicken Holzleisten, auf denen die hölzernen Latten mit der Matratze liegen. Der Bau dieses Bettes erfordert allerdings einiges an handwerklichem Geschick im Schreinern.

Die Wände bestehen aus dünnen Hartfaserplatten, die zugeschnitten und an 7,5 × 5 cm große Hölzer geschraubt werden, sie werden im gebogenen Bug entsprechend länger zugeschnitten. Da Hartfaserplatten biegsam sind, lassen sie sich leicht um das Bootsgerüst anbringen. Es geht am ein-

fachsten, wenn man die Teile einzeln baut und dann an Ort und Stelle zusammenschraubt. Das Regalteil wird am Ende übergestülpt und festgeschraubt. Mit Rollen kann das Bett sogar bewegt werden.

Für die Segel werden zwei Leinwanddreiecke geschnitten und an allen Seiten gesäumt. An der vertikalen Kante des größeren Segels stanzen Sie Ösen in Abständen von etwa 12,5 cm und binden es mit weißer Kordel an den Mast. Das andere Segel bekommt Ösen an den Ecken und wird oben an der Mastspitze und unten am Bett befestigt. Schneiden Sie eine Zahl oder einen Namen aus selbstklebendem Stoff und bügeln sie auf. Für die Wimpel werden Rauten aus einfarbigem und gestreiftem Stoff geschnitten, links auf links zu Dreiecken gelegt und zusammengenäht. Hören Sie mit der Naht 1 cm vor dem breiten Ende auf, um eine Kordel durchzuziehen, an der die Wimpel dann aufgehängt werden.

Streifenquilt

Die Kombination von rot- und blaugestreiften Stoffen wirkt als Patchworkquilt unwiderstehlich. Mit Griffen aus Kordel ist diese Decke genau das Richtige, um Seeleute auf weiten Reisen warm zu halten. Wählen Sie verschiedene Streifen in maritimen Rot- und Blautönen.

Arbeiten Sie die Decke wie auf Seite 40, allerdings größer und ohne die kleinkarierte und einfarbige Umrandung. Kombinieren Sie viereckige, rechteckige und dreieckige Patchworkstücke und nähen Sie einige Vierecke mit Gehrung (Seite 41,3). Mit verschieden großen Stücken ist der Effekt wie bei »crazy« Patchwork. Der Rand wird mit dem Futterstoff eingefaßt, nähen Sie eine dicke Kordel in regelmäßigen Abständen am Saum fest.

Seetüchtige Kuschelecke

Für welches Dekorationsthema Sie sich auch entscheiden – ein Originalteil wäre der Clou. Hier wird das Ruderboot zu einer Oase im Tageslauf. Ein Siebenjähriger findet es unwiderstehlich, mit seinen liebsten Büchern und Teddybären, einer Kuscheldecke und natürlich Notproviant nachts mit der Taschenlampe in das Boot zu steigen. Eine Alternative wäre eine mit Tauen und Messingpfosten abgeteilte Ecke, eingerichtet mit bean bags, die mit Drillich oder Segeltuch bezogen sind.

Flaggenparade

Alle Mann an Bord – Flaggen und Wimpel (Seite 75 und gegenüber) können überall im Zimmer flattern, am Bett, an der Wand oder der Staffelei. Machen Sie eine große Wanddekoration oder markieren Sie einzelne Bereiche im Zimmer mit Flaggenreihen. Fahnen könnten auch am Wigwam (Seite 112) oder Puppentheater (Seite 116) wehen.

Schneiden Sie für jede Flagge zwei bunte rechteckige Stoffstücke zu. Auf je eines wird fester Futterstoff aufgebügelt, beide werden je 6 mm gesäumt. Kleben Sie ein Holz- oder Plastikstäbchen auf das gefütterte Stück, legen das andere darauf und nähen sie mit weißem Garn zusammen.

Vergrößern Sie eines der Motive (Seite 136) oder zeichnen Sie einen Entwurf auf Pauspapier. Abgebildet sind hier Totenkopf und eine Möwe, Sie können aber auch Knoten, Anker oder die Initialen des Kindes wählen. Das Motiv wird auf weißen Filz (schwarzen für Auge und Schnabel der Möwe) übertragen, ausgeschnitten und aufgeklebt.

Schmugglerkoffer

Alte Schrankkoffer sind robust und praktisch. Ganz gleich, wie ordentlich oder unordentlich Ihre Kinder sind – sie horten ungeheure Mengen von allem nur Möglichen, von ramponierten Teddybären bis zu winzigen Bruchstücken von Miniaturspielzeug. Verstauen Sie die Sachen in großen Koffern, mit maritimen Motiven dekoriert, und Sie brauchen sich vorübergehend keine Sorge zu machen, wohin damit.

Bekleben Sie den Koffer mit einer Tapete mit Meeresmotiven oder mit passenden Bildern – wie einer alten Weltkarte, Bildern von Piraten und Segelschiffen. Der Schmugglerkoffer wirkt richtig authentisch, wenn Sie abgebrochene Griffe mit Tauen ersetzen. Falls er zu schön für Gerümpel geworden ist, können Sie ihn als Wäschetruhe benutzen.

Auch Teekisten können zu geräumigen Truhen werden, wenn Sie sorgfältig abgeschmirgelt werden. (Achten Sie dabei immer auf Nägel oder scharfe Ecken.) Wir haben sie mit Tapete beklebt, die Kanten übermalt und mit dickem marineblauem Papier überklebt. Innen kann man sie mit Papier oder Stoff auskleiden.

Wandgemälde

Um den verwaschenen Effekt zu erzielen, wurde das Meer mit stark verdünnter wasserlöslicher Farbe gemalt. Zeichnen Sie das Bild freihändig vor oder machen Sie einen Entwurf auf Papier, den Sie dann auf die Wand übertragen. Zum Schluß wird alles mit farblosem Lack überzogen. Kinder werden gerne mitmachen – vielleicht wählen Sie ein Motiv, das sie schon selber malen können.

Wellenrollo

Unaufgeräumtes Spielzeug kann man hinter einem handbemalten Rollo in der Fensternische verbergen. Es ist aus cremefarbenem Stoff, der nur gesäumt und dann mit Klettband an die Wand geklebt wird. Machen Sie an die unteren Ecken und am Rand in halber Höhe Ösen – die Wellen sind dann auch hochgezogen sichtbar. Sie werden mit dunkelblauer Stofffarbe aufgemalt, nachdem Sie die Umrisse mit Bleistift vorgezeichnet haben.

Schiffsrollo

Eine originelle und einfache Lösung, die Fenster in Dachschrägen verdunkelt und, zurückgeschlagen, frisch und elegant wirkt. Mit Klettband direkt an die Wand geklebt, verdeckt das Rollo gleichzeitig die Fensternische.

Maße

Überlegen Sie, wie viel von der Wand um das Fenster vom Rollo verdeckt werden soll. Der Stoff muß dann doppelt so lang sein, plus 6,5 cm, in der Breite plus 2,5 cm. Die Stange muß 10 cm kürzer als die Breite des Stoffes sein.

Dazu braucht man

Stoff
passendes Nähgarn
Holzstab mit 1,25 cm Durchmesser
Klettband
große Ösen und Ösenstanze
4 Haken

1 Falten Sie den Stoff rechts auf rechts der Länge nach zusammen und säumen ihn an jeder Längsseite mit 1,25 cm. Wenden, bügeln.

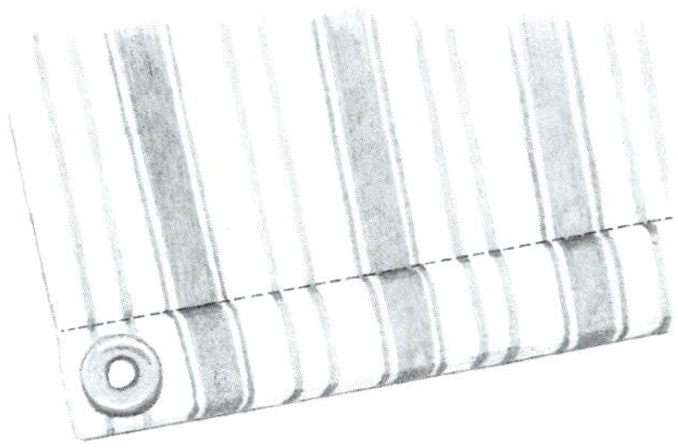

2 Stecken Sie den Stab in die Stofffalte unten und nähen Sie darunter einen Tunnel, damit er fest sitzt.

3 Machen Sie an das andere Ende je eine Öse in die rechte und linke Ecke.

4 Rollen Sie den Stoff oben erst 1,25 cm, dann 4 cm ein und nähen Klettband an. Dann befestigen Sie das Rollo an der Wand.

5 Schrauben Sie rechts und links neben dem Fenster, oben und etwa in zwei Drittel Höhe je zwei Haken in die Wand. Hängen Sie das Rollo an einer Seite an den Ösen auf, schlagen die andere Seite hoch und hängen sie am oberen Haken ein.

Beutel

Jeder anständige Seemann braucht seinen Seesack. Diese soliden Beutel aus Drillich sind vielseitig verwendbar – für Wäsche, Schuhe, Kleidung und als Reisetasche.

Man schneidet einen Kreis, ein schmaleres und ein breiteres Rechteck zu, die Rechtecke – eines längs-, eines quergestreift – so lang wie der Kreisumfang plus Saumzugabe.

Die Höhe beider Rechtecke zusammen plus Saumzugabe ergibt die Höhe des Beutels. Bügeln Sie Vlies auf das schmalere Rechteck. Nähen Sie beide Rechtecke zusammen, so dass ein Schlauch entsteht. Oberkante säumen und die andere Längsseite zusammennähen. Machen Sie Ösen um den oberen Rand und ziehen zum Schluß eine Kordel durch.

Wandtaschen

Ein Wandbehang mit Taschen ist eine perfekte Lösung, um Schuhe, Schürzen und die tausend Kleinigkeiten, die Kinder ständig sammeln, zu verstauen. Wir haben hier helles Segeltuch verwendet, Sie können aber jeden beliebigen soliden Dekorationsstoff nehmen, uni oder gemustert, der zum Zimmer passt. Die Taschen sind mit maritimen Motiven verziert, Sie können auch Buchstaben, Zahlen, Blumen oder Tiere wählen.

Da unser Wandbehang solide abgefüttert ist, kann er einiges Gewicht tragen. Wenn Sie festen Stoff nehmen, brauchen Sie ihn nur zu säumen und nicht unbedingt zu füttern.

Berechnen Sie die Größe des Wandbehangs und überlegen Sie, was darin untergebracht werden soll. Schmale Büchertaschen oder tiefe Taschen, in denen z. B. Hausschuhe Platz finden. Wir haben oben schmale Taschen und in den beiden Reihen darunter jeweils breitere mit entsprechend tiefen Falten aufgenäht.

Dazu braucht man

Stoff
Stoff für Taschen
und Applikationen
passendes Nähgarn
schweres Bügelfutter
1 dicken Rundstab
2 Haken

Maße

Überlegen Sie, wie groß der Wandbehang werden soll und zeichnen Sie ein Muster, auch mit der Anzahl, Größe und Form der Taschen. Lassen Sie über jeder Taschenreihe etwa 5 cm Platz, dazu 4 cm am oberen Rand, um den Stab einzunähen.

1 Schneiden Sie zwei große Stoffstücke zu, plus 2 cm Saumzugabe an allen vier Seiten. Schneiden Sie die einzelnen Taschen zu und geben 1,25 cm Saum unten und an beiden Seiten sowie 2 cm oben zu. Sägen Sie den Rundstab zu, 10 cm länger als der Wandbehang breit ist.

2 Schneiden Sie Futterstoff in der Größe des Wandbehangs ohne Saumzugaben und bügeln ihn auf die Rückseite eines der beiden Stoffstücke.

3 Legen Sie das andere Stoffstück auf das Futter und nähen es oben und unten mit einem 1,25-cm-Saum zusammen, lassen Sie an einer Seite 20,5 cm offen. Ebenso säumen Sie beide Längsseiten und lassen genau unter dem oberen Saum 2 cm offen.

4 Säume und Ecken versäubern, wenden, ausbügeln, Öffnung zu-

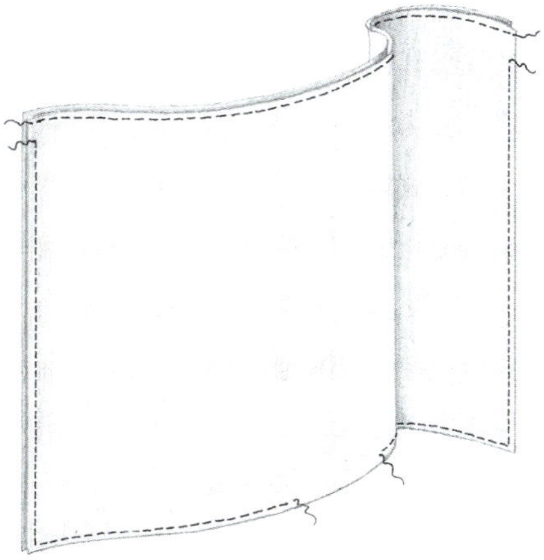

nähen. Steppen Sie eine feste Naht für den Tunnel, in dem die Stange sitzen soll.

5 Stoffstücke für die Applikationen schneiden, rundum mit 3 mm säumen, bügeln, mit Rückstich auf die Taschen nähen.

6 Der Stoff für die Taschen wird am oberen Rand erst 6 mm, dann 1,25 cm eingeschlagen, nähen. An den anderen Seiten 1,25 cm einschlagen.

7 Heften Sie alle Taschen auf die gefütterte Seite des Behangs, legen Sie an jeder Tasche unten zwei Falten, unten an den Seiten annähen.

8 Schieben Sie den Stab durch den Tunnel und lassen ihn an jeder Seite 5 cm vorstehen. Dübeln Sie zwei Haken in die Wand, an denen der Behang aufgehängt wird.

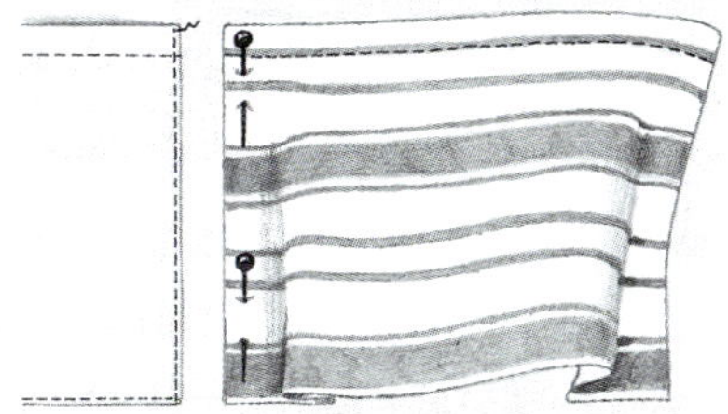

Das Schlafzimmer der kleinen Prinzessin

Das Zimmer der kleinen Prinzessin wurde von den klaren Linien traditionellen skandinavischen Designs inspiriert, vor allem von dem Maler Carl Larsson, der das Schlafzimmer seiner Tochter in seinem schwedischen Haus so schön aquarelliert hat. Auch der Wunsch junger Mädchen nach einem Zimmer in Rosa stand bei der Gestaltung Pate, ohne dass das Zimmer so rosa ist, dass man sich nach einem Jahr satt gesehen hat. Mit frischen Karos und kleingeblümten Stoffen entstand eine klassische – und durchaus nicht zuckersüße – Kombination von subtilen Rosatönen.

Ein romantisches Himmelbett, das gleichzeitig Stauraum birgt, ist ein Wunschtraum vieler Mädchen. Hier ist der Baldachin mit der Vorhangschabracke abgestimmt. Die Dielenbretter wurden weiß gestrichen, damit der Raum hell wirkt, die bemalten Möbel sorgen für einen weiblichen Gesamteindruck.

Die Einrichtung spiegelt sich im Inneren des Puppenhauses wider, an dessen Ausstattung sich Kinder sicher gerne beteiligen und dabei gleichzeitig die Grundlagen des Nähens lernen.

Charmant und nicht übertrieben weiblich – das zauberhaft eingerichtete Schlafzimmer der kleinen Prinzessin ist der Traum vieler junger Mädchen. Die zarten Rosatöne, gemütlichen Ecken und dekorativ bemalten Möbel scheinen aus einer versunkenen Zeit zu stammen. Das alles zusammen ergibt ein zeitlos märchenhaftes Zimmer. Die Muschelschabracke des Betthimmels setzt sich am Vorhang fort.

Wandbordüre

Dazu braucht man

Papier
blaue, blaugrüne
und rosa Emulsionsfarbe
matten Emulsionslack
Abdeckband
Klebstoff

Die blasse Eleganz der Bordüre entsteht durch die Kombination von Nilgrün, Lachsrosa und Creme. Das feine Muster wird mit einer Schablone direkt auf Papier mit leicht unregelmäßiger Struktur aufgetragen und erinnert an gute alte Zeiten.

1 Rollen Sie das Papier auf und schneiden Sie einen 3 m langen, 30 cm breiten Streifen.

2 Pausen Sie das Muster von Seite 137 ab und übertragen es auf Schablonenkarton. Schablone ausschneiden, mit Abdeckband auf das Papier kleben. Schablonieren Sie zuerst die ganze Länge mit Hellblau. Trocknen lassen. Schablone wieder auflegen, leicht mit Blaugrün übermalen. Schablonieren Sie immer erst eine Farbe und legen die Schablone vor der zweiten Farbe neu auf. Die Wirkung wird subtiler, man bekommt einen interessanten Verlauf am Rand. Man verstärkt diesen unregelmäßigen Effekt, wenn man nicht mit einem Pinsel, sondern mit dem Schwamm arbeitet.

3 Zeichnen Sie eine dünne Bleistiftlinie je 2,5 cm vom Rand (oder kleben Sie Abdeckband, das Sie dann sehr vorsichtig abziehen), damit die Linie gerade wird. Schablonieren Sie rosa mit einem flachen, 2,5 cm breiten Pinsel.

4 Die Bordüre wird wie ein Leporello gefaltet und mit speziellem Klebstoff an der Wand angebracht.

Gemalte Dekoration

Kleine Mädchen entwickeln etwa ab acht Jahren eine besondere Faszination für Frisierkommoden. Ein kleiner bemalter Tisch ohne jeden Firlefanz ist alles, was sie brauchen. Seine Farben und Muster korrespondieren mit der Bordüre.

Das feine Rankenmuster in sanften Farben harmoniert mit der Bordüre und dem gebrochenen Weiß des Dielenbodens – ein Musterbeispiel des schlichten, reinen und frischen skandinavischen Stils.

Zartrosa Ranken finden sich auch auf der Schranktür (links), deren Felder mit einer lustigen Kindertapete beklebt sind. Mit dem weißen Hintergrund auf dem weißen Schrank wirken sie wie handgemalt.

Auch der kleine Schrank neben dem Kamin (rechts) wirkt wie handbemalt. Das geht – auch wenn Sie nicht gut malen können. Pausen Sie die Motive aus Kinderbüchern ab, vergrößern sie auf dem Fotokopierer, übertragen sie dann auf die Schrankwände und kolorieren sie.

Noch einfacher ist die Herstellung des kleinen Bildes über dem Kamin. Die Figuren wurden fotokopiert, anschließend ausgeschnitten, aufgeklebt, koloriert und zum Schluss mit farblosem Lack überzogen.

Der Untergrund wurde vorher rosa angestrichen, mit einer nilgrünen Umrandung, die Leisten an dem Schränkchen in Eisrosa und gebrochenem Blau. Die durchscheinende Wirkung erreichen Sie durch starkes Verdünnen der Farbe – wenn nötig, müssen mehrere Schichten aufgetragen werden.

Puppenhaus

Puppenhäuser besitzen einen ganz besonderen Charme, dem auch Erwachsene sehr häufig nicht widerstehen können. Anders als in einer richtigen Wohnung kann man die Zimmer immer wieder neu einrichten.

Kindern macht es Spaß, ein Puppensofa zu beziehen, Vorhänge oder Tapeten zu erneuern – und sie schaffen es, bevor es ihnen langweilig wird. Man kann die gleichen Möbel im Miniaturformat wie im Kinderzimmer hineinstellen oder einen völlig anderen Einrichtungsstil wählen.

Nähen Sie winzige Kissen, mit Baumwolle oder Kapok ausgestopft, und Vorhänge mit Fransen (ziehen Sie dafür unten einige horizontale Fäden aus dem Stoff), die mit schmalen Schleifen gebunden werden. Bettdecken werden aus kleingemustertem Stoff geschnitten, Tischtücher mit einer Zickzackschere aus Gingham.

Schabracke mit Muschelrand, Vorhänge, Raffhalter

Dazu braucht man

Stoff für Vorhang, Schabracke und Raffhalter
Unistoff oder Schrägband für die Einfassung
passendes Nähgarn
Kordel und Band
aufbügelbaren Futterstoff
Klettband
4 Messingringe
2 Haken

Diese einfachen Vorhänge mit der karierten Schabracke wirken so schlicht wie raffiniert. Der Stoff ist ungefüttert, damit das Licht schön einfallen und den Raum durchfluten kann. Der Muschelrand kann eingefasst oder glatt gelassen werden. Mit den passenden Raffhaltern trägt die maßgeschneiderte Schabracke zum Eindruck improvisierter Eleganz bei.

Maße

Vorhänge

Vom Gardinenband hängt es ab, wie reich die Vorhänge fallen. Für normales Gardinenband brauchen Sie die 1½–2-fache Breite, bei Automatik-Faltenband für Fächerfalten die zweifache, für Bleistiftfalten die dreifache Breite. Multiplizieren Sie also entsprechend für die Breite des Vorhangs und geben 7,5 cm Saum zu. Um zu wissen, wie viel Stoff Sie in der Breite brauchen, teilen Sie diese Zahl (aufgerundet) durch die Breite der Stoffbahnen. Die Länge messen Sie von der Vorhangstange bis zum Boden, wo der Vorhang aufhören soll, und geben die Breite des Gardinenbands plus 12,5 cm für die Naht zu. Länge mal Breite ergibt den gesamten Stoffbedarf. Ist der Stoff gemustert, geben Sie für jede Bahn noch eine Reihe des Musters zu.

Schabracke

Die Breite des Stoffes richtet sich nach der Breite des Schabrackenbretts plus 2,5 cm Saumzugabe (plus Retouren, wenn die Schabracke umlaufen soll). Die Länge ist Geschmackssache, üblich ist etwa $^1/_6$ der Vorhanglänge. Schneiden Sie zwei Stoffstücke in der gewünschten Größe plus 2,5 cm Saumzugabe.

Raffhalter

Messen Sie die Länge mit einem Maßband bei zugezogenem Vorhang aus, geben Sie 2,5 cm für den Saum zu. Probieren Sie, welche Höhe am besten passt, Raffhalter werden meist etwa zwei Drittel von oben, aber auch höher angebracht.

Vorhänge

1 Genügend Stoff zuschneiden und prüfen, ob das Muster passt. Die Bahnen rechts auf rechts mit 1,25 cm Saum zusammennähen, immer auf das Muster achten. Wenn Sie eine ungerade Anzahl von Bahnen brauchen, nähen Sie je eine halbe Bahn an die Außenseite (nicht innen in der Mitte).

2 Schlagen Sie an den Seitenkanten den Saum erst 5mm, dann 7 cm ein, nähen. Messen Sie die Höhe des Gardinenbands und bügeln den Stoff entsprechend um.

3 Legen Sie das Gardinenband auf der linken Seite in die Falte oben. Schnüre an den Zugseiten verknoten und unter das Ende des Bands legen, an beiden Kanten und über das Ende nähen, immer in der gleichen Richtung. Das Band am äußeren Ende unterstecken und festnähen. Achten Sie darauf, dass die Schnur frei bleibt.

4 Den unteren Rand 5 mm einschlagen, 12 cm Saum mit der Hand säumen.

5 Ziehen Sie die Schnüre, bis sich schmale Falten bilden. Verknoten Sie die Schnüre, wenn die Breite des Vorhangs stimmt (nicht abschneiden). Gardinenhaken hinter jede Falte stecken und Vorhang aufhängen.

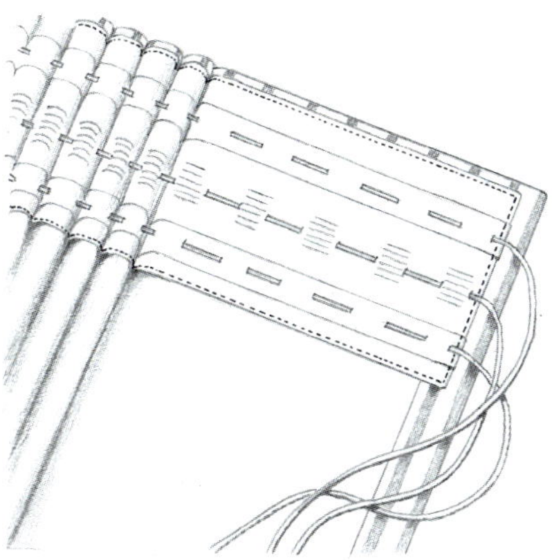

Schabracke

1 Falls nicht vorhanden, bringen Sie ein Brett für die Schabracke etwa 5–8 cm über dem Fensterrahmen an, es soll an beiden Seiten 5 cm länger als die Vorhangstange sein.

2 Schneiden Sie den Stoff und das aufbügelbare Futter (so groß wie der Stoff ohne Saumzugabe) zu. Bügeln Sie das Futter an einer Kante entlang auf die linke Seite des Stoffs.

3 Legen Sie das Futter auf einen ebenen Untergrund, Futterseite nach oben. Zeichnen Sie das Muschelmuster 1 cm über dem unteren Rand vor, lassen Sie je 1 cm an den Enden frei (auch zwischen den Halbkreisen, wenn Sie die Kante paspeln wollen). Mit der Hand entlang der markierten Linie heften, so, dass die Muschelform von rechts sichtbar ist.

4 Wenn Sie Stoff und kein Schrägband für den Paspel benutzen, schneiden Sie den Streifen schräg

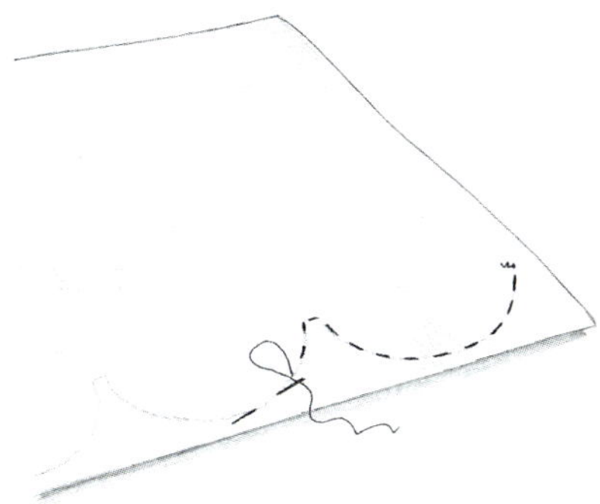

zu. Wickeln Sie den Stoff vorher einmal um die Schnur, um die Breite festzustellen und geben dann zweimal 1 cm Saum zu. Nähen Sie den Streifen an der Schnittkante zusammen, dann wickeln Sie das Band um die Paspelschnur und nähen es dicht an.

5 Reihen Sie den Paspel entlang der gehefteten Muschellinie (siehe Abbildung), in den Bögen Ab-

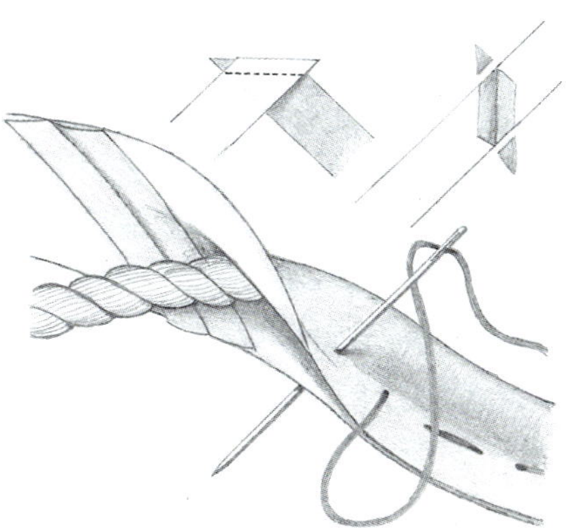

näher machen. Heften. Legen Sie das andere Stoffstück darauf, rechts auf rechts, und schieben den Paspel dazwischen. Entlang der Muschellinie nähen, über jedes

Ende 1 cm Saum nähen. Versäubern. Wenden, ausbügeln. 1 cm an der Schnittkante oben einrollen, anheften.

6 Nähen Sie die nicht klebenden Seite des Futters auf die Rückseite

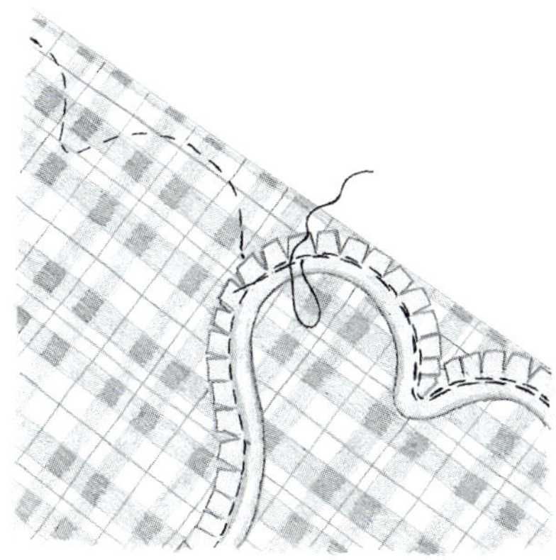

der Schabracke an den oberen Rand. Die Heftfäden ziehen und anschließend die Klebeseite auf das Brett kleben; Schabracke anbringen.

Raffhalter

1 Für die Halbmondform zeichnen Sie einen Streifen (halb so lang wie der Raffhalter) auf ein Stück Papier, oben 10 cm, unten 4 cm breit, und schneiden das Muster zu.

2 Legen Sie ein Stoffstück in Fadenrichtung auf halb und legen das breite Ende des Musters auf den Knick. Mit 1,25 cm Saumzugabe an den Schnittkanten zuschneiden. Das zweite Stück wird umgekehrt zugeschnitten, ebenso zwei weitere Stücke für den anderen Raffhalter.

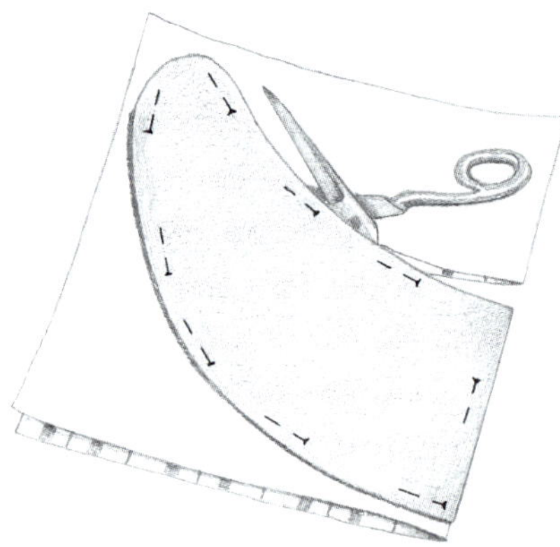

3 Mit dem Muster für jeden Raffhalter ein Stück festen Futterstoff (ohne Saumzugabe) zuschneiden und auf die linken Seiten bügeln.

4 Den Paspel wie bei der Schabracke (4) machen und rechts am Saum anheften.

5 Die gefütterten und ungefütterten Stoffstücke rechts auf rechts mit 1,25 cm Saum zusammennähen, eine Öffnung lassen, versäubern, wenden, ausbügeln. Öffnung zusammennähen. Dasselbe für den anderen Raffhalter.

6 Auf links nähen Sie an jedem Ende einen Ring mit Knopflochstich, der leicht vorsteht, damit werden die Raffhalter an Haken an der Wand befestigt.

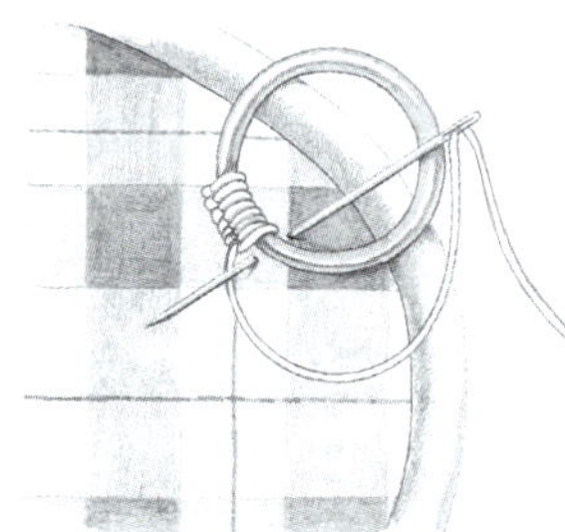

Bettvorhänge

Dieses charmante Vierpfostenbett ist gleichzeitig ein gemütlicher Schlupfwinkel und eine Leseecke. Der Betthimmel über einem Diwanbett ist wie beim Bett auf Seite 56 geschreinert (und erfordert einiges Geschick). Hier wurde außerdem ein mit Stoff bezogener Baldachin aus Hartfaserplatten angebracht. Wenn der Bettrahmen fertig ist, wird das Einbauregal angeschraubt. Die Außenvorhänge hängen an einer Schiene im Bettrahmen und können ganz auf- und zugezogen werden. Der Stoff wurde auf die Schabracke aus Hartfaserplatte aufgebügelt, die vor der Vorhangstange befestigt wurde.

Die Außenvorhänge werden wie Fenstervorhänge genäht. Der innere Vorhang sollte schön breit sein und auch um Kopf- und Fußende reichen.

Nähen Sie die Gardinen mit selbstklebendem Gardinenband für Bleistiftfalten, das oben an den Rahmen geklebt wird.

Die Schabracke wird wie beim Fenster (Seite 89) gemacht, mit oder ohne paspelierten Muschelrand. Der Volant unten um das Bett (Seite 82) hat nur eine einfache Innenfalte und passt mit seiner klassischen Schlichtheit gut zum Vorhang.

Models
Slazenger

Teenagerjahre

Kinder, die in dieses Alter kommen, werden sich immer stärker ihrer Persönlichkeit und ihrer Umgebung bewusst, was auch bedeutet, dass Sie immer weniger bei der Gestaltung ihrer Zimmer mitzureden haben – außer dass Sie die Kosten für die Einrichtungswünsche übernehmen dürfen.

Sie können den Übergang von den Kinderjahren ins Erwachsenendasein unterstützen, indem Sie das Zimmer so einrichten, dass sich Persönlichkeit und Interessen widerspiegeln. Wenn Kinder sich gerne bei Kaffee zwischen vielen Kissen räkeln und auf der Gitarre klimpern (statt regelmäßig zu üben) – sorgen Sie für einen bequemen Platz, an den sie sich zurückziehen können, wenn es denn sein muss. Da Teenager viel mehr Zeit in ihrem Zimmer verbringen als kleine Kinder, sollten sie sich dort wirklich wohl fühlen.

Für Lernbegierige ist ein eingebauter Schreibtisch mit Vorhängen ideal, hinter denen Bücher und Papier aufgehoben werden können, sportliche Typen brauchen einen großen Schrank für ihre Ausrüstung. Sie müssen die Kinder jetzt überzeugen, wenn die Einrichtung geändert werden soll, doch seien Sie da, wenn Hilfe gebraucht wird. Wenn Ihr Nachwuchs plötzlich eine Leidenschaft für Nähen, Malen, Holz- oder Metallarbeiten entdeckt – blockieren Sie nichts, nur weil es ein paar Flecken oder eine kaputte Nähmaschine geben könnte. In diesem Alter begeistert man sich schnell.

Ein eigenes Zimmer kann wie eine Wohnung in der Wohnung sein, und das ist es, wovon die meisten Teenager träumen. Unser Zimmer (Seite 97) ist so ein Raum, den sie ihr eigen nennen (und sich bei jeder Gelegenheit dorthin zurückziehen) können. Kleider, Bücher, Sportgeräte und die beliebte Unterhaltungselektronik sind hier am richtigen Platz.

Das ideale Schlafzimmer

Ginge es nach den Ideen der Teenager, sollte ihr Zimmer wie ein Studio sein – mit wenigen konventionellen Möbeln und dafür viel Improvisation, mit Platz für Computer, Stereoanlage, Unmengen von CDs und Kassetten, einen Arbeitstisch und Musikinstrumente.

Platz für Besucher gehört auch dazu. Mit vielen Kissen verwandelt sich das Bett in eine Art Liegewiese, Sofas und Sessel sind mit Decken drapiert (die auch den Inhalt des Kleiderschranks verdecken, der rätselhafterweise überall im Zimmer verstreut sein kann).

Grundeinrichtung

Während ein zwölfjähriges Kind über einen variabel eingebauten Schreibtisch mit Regalen glücklich ist, beweisen sechzehnjährige Teenager gerne ihre Unabhängigkeit, indem sie ein wackliges Schränkchen aus dem Sperrmüll mit nach Haus nehmen, bemalen und in eine fahrbare Fernsehtruhe verwandeln.

Ein Zehnjähriger wird seine Tennis- oder Federballschläger ordentlich im Schrank oder unter dem Bett verstauen, größere Kinder werfen sie gerne in die nächste Ecke neben der Tür.

Planen Sie diese dramatischen Veränderungen ein, indem Sie einige große Behälter organisieren – Weidenkörbe, Papierkörbe aus Aluminium, möglichst viele Regale an den Wänden oder eine weitere Kommode. Streichen Sie nichts an, entfernen Sie möglichst die frühere Dekoration und lassen Sie die Kinder über die Farbgestaltung entscheiden. So wird man Sie nicht als altmodisch und langweilig kritisieren. Ihr Rat und Ihre Hilfe werden aber weiter gebraucht, wenn etwas nicht so läuft wie geplant.

Unkonventionelle indische Stoffe und weiche Chenille bei Kissen und Vorhängen tragen zur Atmosphäre des Zimmers (Seite 93, 97) bei. Der Fernseher verrät, dass in dieser Ecke keine Schulaufgaben gemacht werden.

Ein bequemer Sessel mit vielen buntgemusterten Kissen kann zum Blickpunkt der Einrichtung werden. Wenn die Decke hoch und stabil genug ist, wäre eine Hängematte, an schweren Metallhaken befestigt, der ideale Platz für Träume und Zukunftspläne und auch eine Zuflucht vor Examensnöten und regelmäßig anfallenden Schreibtischarbeit.

Bodenkissen auf bemalten Holzkisten, arrangiert um einen niedrigen Kaffeetisch, auf dem Zeitschriften liegen und Kerzen brennen, werden zum geselligen Forum, an dem die brennenden Themen diskutiert werden.

Ein Teekessel und einige Becher werden an Haken aufgehängt, diese Miniküche wird durch einen Weidenparavent vom Schlaf- und Arbeitsbereich abgetrennt.

Wenn im Zimmer nur Platz für ein Bett ist, versuchen Sie das Kopfende abzubauen. Verwandeln Sie es in ein Sofa oder Tagesbett, auf dem sich große Kissen, dicke Polsterrollen und gemütliche Decken türmen. Machen Sie darüber einen einfachen Baldachin, damit es geschlossen wirkt, noch besser steht es in einer Nische, weil es dann nicht so wie ein Bett aussieht.

Sorgen Sie für einen großen Schreibtisch für Schulaufgaben. Sie können dafür ein Türblatt nehmen, das über zwei Böcke gelegt wird und bei der Gestaltung des Raums viel Spielraum läßt. Pinnwände sind immer noch wichtig – übermalen Sie das alte oder opfern Sie ein Stück von der oberen Wand für ein neues Korkbrett. Achten Sie darauf, dass der Computer nicht direkt im Licht steht, um die Augen zu schonen.

Dekorieren

Jugendliche in diesem Alter können fast alle Arbeiten selbst machen. Überzeugen Sie die Kinder, dass es auch Spaß macht: Lenken Sie ihren Enthusiasmus in die richtigen Bahnen mit einem gemeinsamen Einkaufsbummel zum Aussuchen von Stoffen und Accessoires. Überlegen Sie gemeinsam, wie man den Raum eher als Wohn-, denn als Schlafzimmer gestaltet.

Bodenkissen sind ein guter Ausgangspunkt für das Dekorationsschema. Beim Aussuchen der Stoffe kommt man auch auf gute Ideen für Vorhänge und Bettwäsche. Eine Kabine, in der Kricket- und Tennisschläger, Ruder und alles mögliche Gerümpel Platz hat, ist eine weitere Gelegenheit für einen bunten Farbtupfer.

Traditionelle Blumenmuster auf Chintz werden Teenager eher verschmähen – Erfolg werden Sie mit theatralisch leuchtendem Purpur- oder Burgunderrot haben, das mit gestreiften oder karierten Kissen aufgepeppt wird. Stoff eignet sich auch für Bettvorhänge. Mädchen könnte ein romantisches Himmelbett mit weißem Musselin oder Damast gefallen.

In diesen Jahren kommen auch Tapeten zu ihrem Recht, denn die Schmutz- und Schmierzeit ist vorbei. Eine hübsche Bordüre mit einer Streifentapete, oder dunkle Tapeten zu einer zarten Bordüre würden zu Mädchen und Jungen passen, obwohl auch Mädchen dunklere Farben und eine Arbeitszimmeratmosphäre mögen.

Stauraum

Teenager horten ganz andere Sachen als kleinere Kinder. Statt Spielzeug und Kleinkram gibt es nun Berge von Papier. Poesiealben, Ringbücher, gespickt voll mit Notizen und Plänen, Schulbücher und Nachschlagewerke müssen untergebracht werden. Normale Regale sind oft zu schmal und anscheinend nur für Taschenbücher geplant.

Versuchen Sie, vorhandene Regale umzubauen oder opfern Sie eine ganze Wand für tiefe, offene Regale. Machen Sie das Beste mit sperrigen Gegenständen, indem Sie Rucksäcke, Kricketschläger oder Rugbybälle in einem Fischernetz oder an soliden Metallhaken über dem Wandregal aufhängen.

Hatte bisher ein kleiner Schrank und eine Kommode für Kleidung und Wäsche genügt, so ist die Garderobe jetzt dramatisch gewachsen – seien es modische Fummel, zerfetzte Jeans oder Unmengen von T-Shirts. Man muss also an die Anschaffung eines großen freistehenden Kleiderschranks denken oder Regale mit vielen Fächern für zusammenlegbare Kleidung umbauen. In einer Stoffkabine läßt sich auf relativ wenig Raum viel unterbringen, nützlich ist auch eine große Kiste auf Rollen, die gleichzeitig als niedriger Tisch dient.

Eine veränderte Einrichtung markiert auch den Übergang in eine neue Altersphase. Man gewinnt Platz, wenn man das Bett in die Mitte des Zimmers rückt und am Kopfende eine Art Nische gestaltet, die U-förmig von Schränken und Kommoden umstellt wird. Dadurch wirkt das Bett wie eingebaut und man bekommt begehbaren Stauraum sowie Platz für Lampen, Dekoration und Bücher.

Oder bauen Sie einen begehbaren Kleiderschrank hinter dem Bett, dann braucht man nicht eine ganze Wand für einen Schrank zu verschwenden.

Details

Spiegel sind im Teenagerleben wichtig – also machen Sie etwas daraus und hängen sie an einen besonderen Platz. Holzrahmen können mit Stoff und Folien beklebt oder passend zu Pinnbrett und Regalen bemalt werden.

Rund um den Spiegel hängen Bürsten, Kämme, ein Föhn und Modeschmuck an Haken – so fällt es auch den Kindern nicht zu schwer, Ordnung halten.

Frische Wäsche spielt für Teenager eine große Rolle – und das bedeutet zuerst, dass Sie einen großen Korb oder Aluminiumbehälter, je nach Einrichtungsstil, für die schmutzige Wäsche organisieren müssen, der am besten in einer Ecke hinter einem Paravent steht. So können Sie schnell danach sehen – von selbst denken die Kinder meist nicht daran, es sei denn, sie brauchen etwas ganz dringend.

Teenagerzimmer: Einrichtungsvorschläge

Bett, möglichst mit Stauraum darunter
großer Kleiderschrank, auch eingebaut
Schreibtisch
Regale für Schulbücher
Computertisch

Stereoanlage/Fernseher
Kissen und ein niedriger Tisch
Futon- oder Tagesbett mit Tagesdecke
Garderobenständer und Haken
große Pinnwand oder Korkplatte

Das Teenagerreich

Wenn Kinder zu jungen Erwachsenen werden, ist Flexibilität auch bei der Einrichtung angesagt. Ein Zimmer wie hier (Seite 92–93) würden Teenager sich wohl selber aussuchen.

Die Stoffe sind nicht teuer und leicht an Bett und Fenster anzubringen – mit minimalen Investitionen kann man hier eine maximale Wirkung erzielen.

Einfache Fenstervorhänge

Einfache Musselinbahnen in leuchtendem Kaschmirrot und Safrangelb sind mit dicken Reißzwecken befestigt, übereinander, damit das einfallende Licht den Raum selbst an kalten Wintertagen in sommerlichem Gold erstrahlen läßt. Sie werden an einer Seite von einem gusseisernen Raffhalter gehalten. Ungewöhnliche Wirkungen erzielen Sie auch mit mehreren Musselinbahnen in verschiedenen Farben oder mit einer Kombination von uni und gemusterten Stoffen an einer Holz- oder Metallstange, mit einem Raffhalter aus Stoff oder mit Troddeln. Vielleicht hängen Sie einen einfachen Vorhang mit Schleifen an eine Stange, eine Variante des Amazonas-Zimmers (Seite 64), in der Mitte von einer großzügigen Musselinschärpe zusammengehalten.

Kluge Improvisation

Lässige Möbel und Stoffe machen dieses Zimmer strapazierbar, luftig und variabel. Der Betthimmel und die nur mit Reißzwecken befestigten Vorhänge können leicht variiert oder ausgetauscht werden, das Schränkchen am Kopfende steht auf Rollen.

Beachten Sie den Secondhand-Metallschrank, den Jugendliche leicht anmalen können, er ist ideal für Sportgerät. Das niedrige Futonbett mit der bunten Tagesdecke wird mit Kissen schnell zum Sofa.

Betthimmel

Um einen einfachen Betthimmel (links) zu nähen, braucht man eine ausreichend lange Stoffbahn, die farblich zur Bettdecke passt. Säumen Sie alle Kanten, wenn es keine Webkanten sind. Befestigen Sie vier Haken an der Decke und verbinden je ein Paar mit dickem Draht, darüber drapieren Sie den Stoff. Die Enden werden mit einem dekorativen Knoten betont oder mit Fransen, Litzen oder einer Schleife in Kontrastfarbe. Derselbe Stoff wird für Kissen und Polster sowie zum Zusammenbinden des Vorhangs verwendet, damit die Farbstimmung einheitlich wird.

Dekoration des Betts

Im Teenagerzimmer wird das Bett auch tagsüber als Sitzgelegenheit und Ruhesofa benutzt. Machen Sie es also schön bequem mit großen Polsterrollen, weichen Kissen und einer ausgefallenen Decke.

Eine Art Betthimmel wirkt intimer, und vielleicht kommt eine etwas erwachsenere Version des Vierpfostenbettes aus dem Kinderzimmer (Seite 53) infrage. Anstelle des ausgesägten Holzrahmens könnten Sie gelochtes Holz nehmen und lange Bahnen aus blauem Musselin flattern lassen oder Vorhänge an eine eingearbeitete Schiene hängen. Je mehr Stoff Sie nehmen, umso großzügiger ist die Wirkung.

Kopfende mit Ablagefächern

Individuell gebaute Möbel sind eine Möglichkeit, der Vorliebe für informelles Wohnen entgegenzukommen. Das Bett (Seite 98–99) mit dem L-förmigen Kopfende ist besonders variabel, weil man es wie eine Insel mitten ins Zimmer oder auch mit der anderen Seite gegen die Wand stellen kann.

Es ist nicht schwer, hierfür eine vorhandene Kommode und ein tiefes Schränkchen zusammenzubauen. Die Außenfächer werden von innen an einem 1,25 cm dicken Hartfaserbrett oben und unten angeschraubt. Befestigen Sie an allen Ecken Rollen, damit das Möbel bequem verschoben werden kann.

Die Hartfaserplatte können Sie anstreichen oder mit Schablonenmalerei, Stempeltechniken oder Collagen dekorieren. Soll das Ganze weicher wirken, drapieren Sie Stoff um das Möbel und stellen darauf Kartons, die mit farblich passendem Stoff überzogen sind.

Futon

Futons sind große Mode bei Teenagern, sowohl zum Schlafen wie als zusätzliches Tagesbett. Erwachsene teilen diese Vorliebe eher nicht, denn Futons sind härter als konventionelle Betten und bedürfen einiger Gewöhnung. Die festen Futons können wie hier auf einem hölzernen Lattenrost oder direkt auf dem Boden liegen – tagsüber können sie dann zusammengerollt werden. Halb aufgerollt wird der Futon dank seiner eingebauten Rückenstütze zu einer idealen, entspannenden Sitzgelegenheit. Dieser Futon ist etwa 10 cm dick, selbst genäht und mit wattiertem Futterstoff ausgestopft, den man bei Polsterern bekommt.

Dazu braucht man

Baumwollstoff
passendes Nähgarn
2,5 cm dicken wattierten Futterstoff
Polsternadel
dicke Schnur

1 Schneiden Sie für den Bezug des Futons 2 Stoffstücke in der gewünschten Länge und Breite plus je 9 cm. Schneiden Sie vier Lagen Futter in der passenden Größe ohne Zugabe.

2 Nähen Sie zuerst den Bezug rechts auf rechts mit 2 cm Saum an den Längsseiten zusammen. Lassen Sie an einer Naht in der Mitte eine große Öffnung.

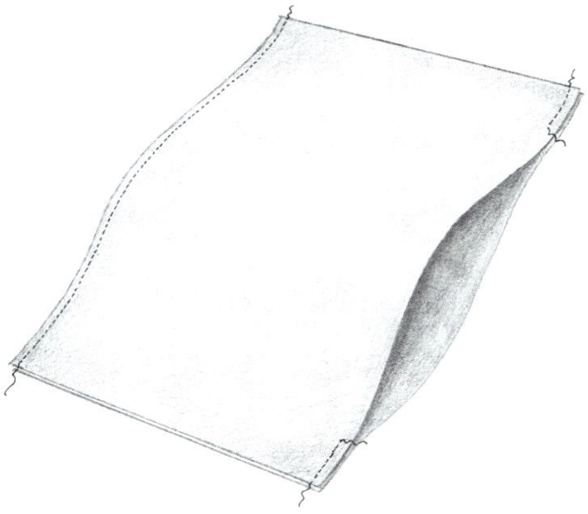

3 Falten Sie den Stoff so, dass die Nähte in der Mitte jeder Seite verlaufen und nähen über jedes Ende eine 2-cm-Naht. Nähte aufbügeln.

4 Ziehen Sie an den Ecken Vorder- und Rückseite auseinander, Saum zentrieren. Markieren Sie eine 10 cm lange Linie schräg über die Ecke, heften und nähen durch beide Schichten. Saum nicht versäubern. Wenn die Ecken fertig sind, wenden.

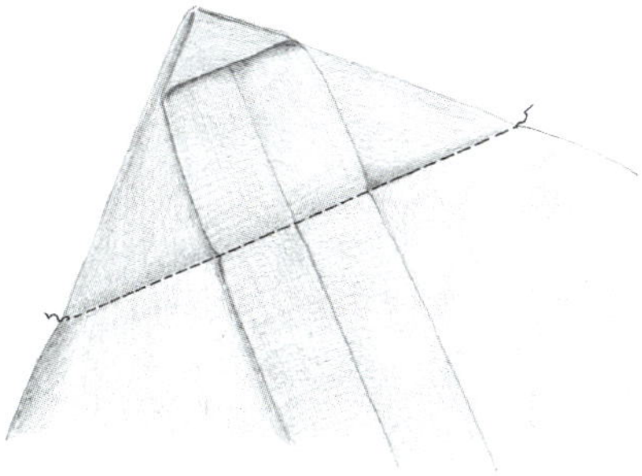

5 Stopfen Sie die Füllung durch die große Öffnung und nähen sie dann mit der Hand mit sehr engen Rückstichen und doppeltem Faden zu.

6 Markieren Sie die Stellen für die Heftknöpfe, etwa 25 cm auseinander und versetzt. Fädeln Sie doppelten oder vierfachen Zwirn in die Polsternadel, ziehen sie von vorne nach hinten durch und wieder nach vorne, um einen 2,5 cm langen Stich zu machen. Die Enden mit einem Kreuzknoten verknoten und auf 6,5 cm schneiden.

Polsterrollen

Dazu braucht man

Füllung
Stoff
passendes Nähgarn
Reißverschluß, ¾ Länge der Rolle

Nackenrollen sind ideal zum Entspannen, egal ob allein oder zusammen mit anderen Kissen. Zur langen Form passen am besten gestreifte Stoffe. Es bietet sich an, eine Nackenrolle mit Reißverschluss zu nähen wie auf Seite 98 – 99 abgebildet. Wenn Ihnen die Rolle an den Enden zu flach ist, können Sie sie auch abrunden oder spitz zulaufen lassen.

1 Stoff in der Länge der Rolle und in der Breite des Umfangs plus je 4 cm zuschneiden, dazu zwei Kreise plus 4 cm.

2 Rechts auf rechts auf halb falten und der Länge nach mit 2 cm Saum zusammennähen. An den Stellen, wo der Reißverschluß angebracht werden soll, eher steppen als nähen. Reißverschluß einnähen, die Heftfäden entfernen und Reißverschluß öffnen.

3 Rechts auf rechts jedes Ende am Kreis anheften, mit 2 cm Saum annähen, in den Rundungen Abnäher machen. Durch den Reißverschluß öffnen und Polster hineinstecken.

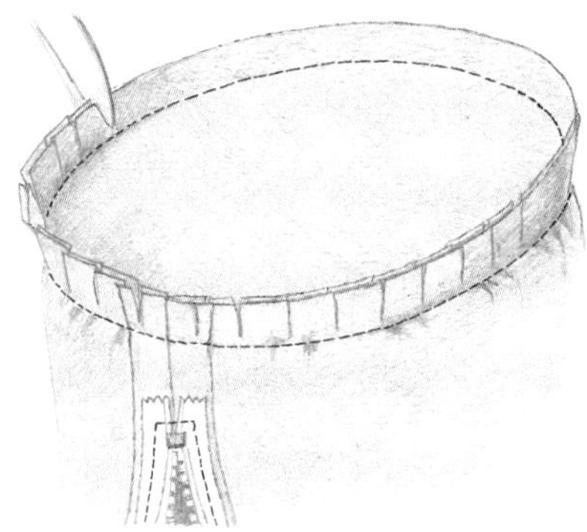

Arbeitsplatz

Hausaufgaben verlieren ihren Schrecken, wenn man den Arbeitsplatz mit Überlegung einrichtet. Bauen Sie einen großen Schreibtisch mit einem Türblatt auf einfachen Böcken, und in Reichweite daneben schlichte, praktische Regale.

Wenn das zu nüchtern ist, können Sie das Regal mit Vorhängen verkleiden. Ein bequemer Stuhl und Kissen sorgen für Komfort. Die Pinnwände aus Kork können bemalte Rahmen oder eine Stoffeinfassung bekommen.

Integrieren Sie den Fernseher, indem Sie ihn auf einen niedrigen, mit einer Decke drapierten Tisch stellen. Oder hängen Sie ihn an einen Schwenkarm, damit er in einer Nische verschwinden kann, wenn Schulaufgaben Vorrang haben. Ein paar Bodenkissen sorgen für Bequemlichkeit beim Fernsehen.

CTIONARY
ENGLISH
THESAURUS
INSTANT

Außerhalb des Schlafzimmers

Ein Haus mit Kindern sollte Fröhlichkeit ausstrahlen. Kinder soll man nicht verstecken, auch wenn ihre Neigung, sich mit Freunden, Spielzeug und allem möglichen Kram überall auszubreiten, für ordentliche Menschen irritierend ist.

Nachdem ihr Kinderzimmer ein vertrauter Hort geworden ist, werden sie die anderen Räume und den Garten erobern. Es wäre gut, wenn Sie sich vorher vorstellen und es einplanen könnten, welche Plätze zum Verstecken, Spielen oder einfach zum Herumsitzen infrage kommen. Kinder lieben lauschige Winkel, in denen sie sich verstecken oder in ihrer Phantasiewelt spielen können.

Wenn Sie noch einen anderen Platz im Haus für die Kinder zur Verfügung stellen können, wird diese zusätzliche Möglichkeit andere Teile des Hauses entlasten. Und Sie haben den Vorteil, dass die Erwachsenen ein Zimmer für sich behalten.

Wenn der Platz knapp ist, überlegen Sie, wo Sie noch Raum zum Spielen oder Stauraum schaffen können, vielleicht unter der Treppe, in einer wenig benutzten Abstellkammer oder der Diele. In einem großen Zimmer können Raumteiler dafür sorgen, dass die Jüngsten ihr Spielzeug gut verwahren und größere Kinder ihrem Hobby nachgehen können.

Draußen ist oft mehr Platz, um all die tausend Dinge unterzubringen. Ein Gartenhaus, eine Veranda oder ein Treibhaus können um- oder angebaut werden. Spielhäuser sind eine gute Möglichkeit, zusätzlichen Raum zu schaffen.

In jedem freien Raum des Hauses kann ein Spielzimmer entstehen – ideal liegt es neben Küche oder Wohnzimmer. In unserem kreativen Spielzimmer (Seite 110) wurde ein Türrahmen in ein Puppentheater verwandelt. Das Wigwam bietet Platz zum Verstecken und für lustige Picknicks.

123456789
A
B
W

Draußen

Spielhäuser, Kletterseile und Schaukeln, Sandkästen, Minibeete und Planschbecken sind ein wesentlicher Bestandteil glücklicher Kindertage. Nirgendwo sonst kann man so gut Vögel beobachten wie in einem Baumhaus – auch ein idealer Platz für Verschwörungen, natürlich mit Fackeln, einem Fernglas und geheimen Notizbüchern ausgestattet.

Im Garten sind Spielhäuser noch attraktiver als drinnen. Das Wigwam aus dem kreativen Spielzimmer (Seite 112) kann überall aufgestellt werden. Improvisieren Sie eine Laube, indem Sie einfach Stoff über Bohnenstangen hängen – mit Blumenmuster wirkt sie ländlich, Streifen erinnern an Strand und Meer.

Auch ein Geräteschuppen kann zum Spielhaus werden, wenn Sie sperriges Werkzeug anderswo unterbringen und bunte Ginghamvorhänge mit Schleifen aufhängen. Mit ein paar Weidenkörben und einem Korbstuhl haben die Kinder ein unvergessliches Paradies.

Küchen

Vor allem Vorschulkinder halten sich gerne in Ihrer Gesellschaft in der Küche auf. Gerade dann, wenn Sie ein großes Essen vorbereiten, fangen sie mit komplizierten Bastelarbeiten an, zu denen sie das gesamte Handwerkszeug und natürlich auch Geschirr brauchen. Wenn Sie einen großen Tisch und das richtige Gerät haben, werden Sie – wenn auch langsamer – weiter arbeiten und dabei einen Blick auf die künstlerische Unternehmung werfen können.

Da die Küche in vielen Wohnungen der am meisten genutzte Raum ist, ist es sinnvoll, etwas Platz für die Kinder vorzusehen. Herd und Arbeitsplatte an einem Ende der Küche oder in einer Ecke, dazu ein Tisch zum Essen und für alles Mögliche am anderen Ende, wären die sicherste Lösung. Sorgen Sie für Schachteln für Spielzeug, für einen kleinen Tisch mit Stühlen und einen Platz, wo etwas Dreck beim Malen, Kneten oder Ausschneiden nicht viel schaden kann. Wenn ein großes Fenster in der Küche ist, empfiehlt sich darunter eine Klappbank, in der auch Spielzeug verstaut werden kann. Oder bauen Sie Regale mit vielen Fächern, vor denen ein Vorhang hängt, damit man die Unordnung nicht immer sieht.

Wenn Sie den Raum schon gut eingeteilt haben, als die Kinder klein waren, ist die Umstellung später kein Problem. Der Platz kann jetzt für einen Schaukelstuhl und einige Bücher, eine zusammenklappbare Arbeitsplatte, sogar für einen Fernseher und eine kleine Stereoanlage, montiert auf einem Schwenkarm reichen.

Sie können die Kinder besser zur Ordnung erziehen, wenn Sie Kleiderhaken – für Mäntel, Hüte, Cardigans oder Schürzen – so anbringen, dass sie leicht zu erreichen sind.

Ein Wigwam ist eine gute Alternative zu Wendys Haus aus Peter Pan. Beliebt für Rollenspiele bildet es gleichzeitig eine Verbindung zwischen Haus und Garten.

v
1
F
b
m
e
6

Wohnzimmer

Auch wenn Sie es noch so gern vermeiden wollen – Kinder nehmen nur allzu gern auch das Wohnzimmer zum Spielen in Beschlag. Wenn Sie wirklich nirgendwo sonst Platz haben – es gibt auch hier einige Möglichkeiten, Spielsachen gut unterzubringen, ohne dass es wie im Spielzeugladen aussieht.

Teilen Sie eine Ecke des Zimmers ab – hinter einem Vorhang oder einem aus Weiden geflochteten Paravent kann man das Kinderspielzeug gut verstauen. Computer, Drucker und anderes Zubehör werden auf einem fahrbaren Untersatz in einen Schrank geschoben, dort haben auch Videos und Kassetten Platz. Bücher kommen auf niedrige Regale in Reichweite.

Reservieren Sie eine (nicht zu kleine) Ecke für die Kinder, wenn das Wohnzimmer ausreichend groß ist, und heben diese durch eine andere Farbgebung an den Wänden oder eine Bordüre an der Lamperie ab. Diesen Bereich könnten Sie durch einen Vorhang oder Paravent abtrennen, auch mit Tisch, Sofa oder einem offenen Regal als Raumteiler.

Da sich im Wohnzimmer die ganze Familie trifft, sollte man bestimmte Dinge vermeiden, solange die Kinder noch klein sind. Dazu gehören weiße oder ganz helle Sofas und Teppiche oder Glastische. Keramiken, Antiquitäten und teure Polster werden die fröhliche Energie tobender Kinder kaum überleben. Auch wenn Sie noch so streng sind, was Essen, Trinken und Schuhe angeht – allein das Tempo einer Gruppe von Kindern ist zerstörerisch!

Wenn Sie einen normalen Blutdruck und Ihren Seelenfrieden behalten wollen, stellen Sie sicher, dass Sofas und Sessel Überzüge haben und dass der Kaffeetisch einfach gedeckt – und außer Reichweite der Krabbelkinder – ist. Ihre wertvollen Lampen dürfen keine frei herumliegende oder hängende Kabel haben; das gute Porzellan und andere wertvolle Stücke werden außer Reichweite der Kinder aufbewahrt. Der echte Perser oder ein Gobelinbezug sollten erst dann im Wohnzimmer zu Ehren kommen, wenn die Kinder aus dem Haus sind.

Helle Wandfarben sind naturgemäß viel empfindlicher als dunkle. Die Vorhangstangen sollten stabil sein – vielleicht erinnern Sie sich ja an die eigenen Kletterpartien, die Sie veranstaltet haben, wenn die Erwachsenen gerade aus dem Zimmer waren?

Reich fallende Vorhänge sorgen für Behaglichkeit, Schabracken und Raffhalter gehören zu einem noblen, traditionellen Wohnstil. Mit einfachen karierten Hussen können Ihre teuren Sitzmöbel wie Sofa und Sessel tagsüber vor dem turbulenten Treiben schützen, wenn Sie sie abends wegnehmen, können Sie Ihren Wohnkomfort in Ruhe genießen.

Esstischstühle und ein alter Teppich sind ideale Einrichtungsgegenstände für ein improvisiertes Spielhaus. Kinder ziehen selbst erfundene Spiele jedem gekauften Brettspiel vor – reagieren Sie flexibel, wenn die Kinder den Raum vorübergehend umgestalten wollen. Mit der richtigen Planung brauchen Sie sich keine Sorgen um Ihre Möbel zu machen, nichts von Wert kann Schaden nehmen. Und Sie können sich etwas Entspannung gönnen, während das Zimmer sich in Robinsons Insel verwandelt.

Spielzimmer

Wenn Sie den Platz haben – richten Sie ein eigenes Spielzimmer ein, vielleicht in einem abgetrennten Teil von Küche, Wohn- oder Schlafzimmer, und die Kinder können sich in ihrem eigenen Reich ausbreiten, vollkommen ungestört von Ihrer täglichen Haushaltsroutine. Die Kinder brauchen dann weniger Schrankraum in ihren eigenen Schlafzimmern, und können, gerade in Familien mit zwei oder mehreren Kindern, sehr gut zusammen spielen.

Dazu braucht man kein riesiges Haus mit vielen Zimmern. Jeder kleine Raum kann umgewandelt werden und gleichzeitig noch anderen Zwecken dienen. Mit einem Sofa oder Klappbett und einer Kommode wird es zum Gästezimmer, mit einem kleinen Arbeitstisch und guter Beleuchtung zum Näh- oder Arbeitszimmer – was auch praktisch bei Kindern verschiedenen Alters ist.

In der Nachbarschaft der Küche oder in einem wenig benutzten Esszimmer wird das Spielzimmer zum Mittelpunkt der Wohnung, und Sie können während der Hausarbeit ein Auge auf die Kleineren haben.

Die Dekoration sollte jedoch nicht zu kindlich sein, vor allem, wenn der Raum gleichzeitig noch anders genutzt wird. Poster, Plüschtiere in kleinen Hängematten, Spielzeug in Kästen und Körben machen das Zimmer einladend – Tapeten, Vorhänge und Bodenbelag können dann zeitlos sein. Vermeiden Sie Teppichböden bei kleinen Kindern und legen Sie statt dessen einen schönen Läufer über einem rutschsicheren Gitter.

Aus Sicherheitsgründen sollten ausreichend Steckdosen vorhanden sein und keine Kabel und Schnüre offen herumhängen. Auch in der Mitte der Wand sollten Steckdosen installiert sein, um später den Computer anschließen zu können. Bringen Sie in allen Steckdosen Kindersicherungen an.

Ein komfortabel eingerichtetes Spielzimmer gefällt der ganzen Familie und ist die beste Gelegenheit, den Kindern beim Spielen zuzusehen oder Teenagern bei den Hausaufgaben zu helfen. Es ist ein zusätzlicher Raum für die ganze Familie mit vielen Möglichkeiten.

Wo früher ein Kamin war konnte ein gemütlicher Alkoven mit kleinen Möbeln eingerichtet werden. Der Schrank daneben wurde mit dekorativen Harlekinrauten bemalt.

Das kreative Spielzimmer

Beim kreativen Spielen macht Lernen Spaß. Der richtige Platz dafür ist ein fröhliches Spielzimmer (Seite 104–105). Gemalte Zahlen, Buchstaben und Spielsachen schmücken die Wände, es gibt viele Möglichkeiten für Beschäftigung und Unterhaltung – Gesellschaftsspiele, Theater, Geschichten erzählen und Handarbeiten. Platz ist reichlich vorhanden, alles ist bunt und anziehend.

Farben und Zahlen an der Wand

Zahlen und Buchstaben sind für kleine Kinder ungeheuer interessant. Vom pädagogischen Nutzen abgesehen, sind sie überall dekorativ. Man kann Namen auf Wände und Möbel schablonieren, ein improvisiertes Spielfeld mit Zahlen auf den Fußboden malen oder auf halber Höhe eine Bordüre um die Wand laufen lassen. Hier wurden Zahlen und Buchstaben frei auf die gelb gestrichenen Wände gemalt. Die Muster (S.138) werden abgepaust, auf die Wand übertragen und ausgemalt; wenn Sie nicht so gut malen können, arbeiten Sie mit Schablonen.

Hinten im Zimmer ist ein Teil der Wand in einem tieferen Gelb gestrichen und mit einem dunkleren gelben Streifen, eingerahmt von einer dünnen Linie in Orange, abgetrennt. Oben reihen sich die Zahlen zu einem Fries. Mit einer solchen Wandgestaltung schafft man Ausstellungsfläche für die schönsten Kinderbilder, die stolz aus dem Kindergarten nach Hause gebracht werden. Damit die Wände unempfindlich und leicht zu reinigen sind, werden sie mit farblosem Lack überstrichen.

Schrank mit Rautenmuster

Zu Zahlen und Buchstaben passen die abstrakten geometrischen Formen, mit denen die Schränke des Spielzimmers in vielen Variationen bemalt wurden. Überall wurde verdünnte Emulsionsfarbe in blauen und gelben Tönen verwendet. Die große Schranktür (oben links) wurde erst ganz in zartem Blau gestrichen, dann wurde das gelbe Rautenmuster in den Türfeldern mit einer Schablone aufge-

tragen. Wenn man statt des Pinsels mit einem Schwamm schabloniert, erzielt man einen verwaschenen Effekt, der gut zu dem Anstrich passt. Die Türeinfassung zeigt dasselbe zarte Blau wie die Rauten. Zum Schluss wird alles mit mattem Acryllack überzogen.

Die blauen Rauten an der schmalen Schranktür (Seite 109) wurden ebenso mit dem Schwamm aufgebracht, Zierleisten und Türeinfassung sind in Blau hervorgehoben. Auch das Innere der Schranktür (oben) wurde so bemalt, die Rauten, abwechselnd in Blau und dunklerem Gelb mit dem Schwamm schabloniert, bekamen einen blauen Umriss, bevor alles mit Lack überzogen wurde.

Das Harlekinmuster an der inneren Schrankwand wurde mit der Hand gemalt und mit mattem Emulsionslack überzogen.

Wigwam

Das Zelt kann sowohl drinnen wie draußen benutzt werden. Es ist der richtige Platz für geheime Palaver, kleine Picknicks oder eine ruhige Lesestunde. Es wird die Phantasie anregen und bald zum Favoriten der Kinder werden – und vor allem ist es ganz einfach zu machen.

Dazu braucht man

festes Baumwollgewebe wie Segeltuch oder Kaliko
passendes Nähgarn
Band
6 etwa 2 m lange Stöcke
6 mm dicke Schnur
Acrylfarbe

Maße

Stellen Sie die Stöcke in Wigwamform auf und binden sie oben mit dicker Schnur zusammen. Die Länge der Stöcke, plus 2,5 cm Saumzugabe ergibt das Maß für den Radius, nach dem Sie einen Halbkreis für den Bezug schneiden.

1 Bleistift an eine Schnur binden, die so lang wie der Radius ist, Schnurende festhalten, Halbkreis auf Zeitungspapier zeichnen, ausschneiden. Stoff auf die passende Größe zusammennähen, Papiermuster übertragen und zuschneiden.

2 In der Mitte der Längsseite einen kleinen Halbkreis, etwa 6 cm lang, vorzeichnen und ausschneiden, der um die zusammengebundenen Stangen passt. 1,25 cm einrollen und alles mit doppelter Naht säumen.

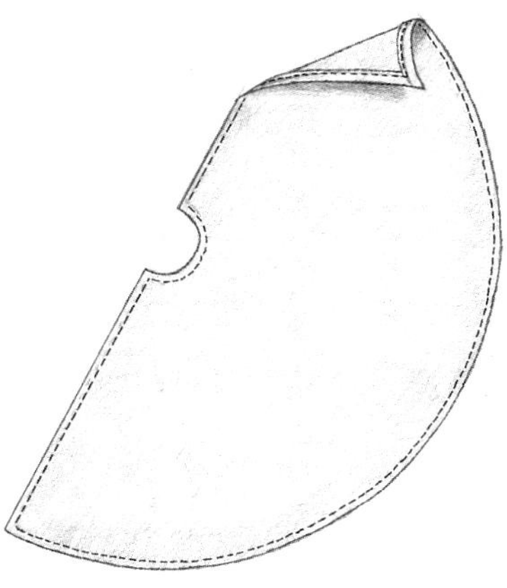

3 Malen, schablonieren oder stempeln Sie Muster auf den Stoff – hier sind es Handabdrücke der Kinder und schablonierte Zahlen und Buchstaben.

4 Stoff über die Stöcke ziehen, die Öffnung sollte in der Mitte zwischen zwei Stäben liegen, beide Kanten überlappen sich.

5 Schneiden Sie ein 10 cm langes und 15 30 cm lange Bänder, halbieren Sie drei lange Stücke. Markieren Sie an der Öffnung, wo die 6 halben Bänder angenäht werden: drei auf der Innenseite, die anderen drei jeweils gegenüber. Markieren Sie unten und innen die Stellen für die Bänder in halber Höhe eines jeden Stocks sowie für ein Band außen in halber Höhe und etwa ein Drittel von der Öffnung, die so mit dem 10 cm langen Band hochgebunden werden kann.

6 Nehmen Sie den Stoff von den Stöcken und nähen Sie alle Bänder an. Die längeren Bänder werden auf

halb gelegt und an den markierten Stellen an den Schnittkanten festgenäht.

Himmel-und-Hölle-Teppich

Wie Reifen, Murmeln, Kreisel, Seilhüpfen oder Bockspringen gehört Himmel und Hölle zu den seit Generationen beliebten Kinderspielen. Es sieht nicht nur hübsch aus, wenn man die Zahlenquadrate auf einen kleinen Teppich malt, man kann sich auch mit dem Spiel im bequemen Kinderzimmer vergnügen. Vergrößern Sie die Zahlen von dem Muster (Seite 138).

Dazu braucht man

weißes Segeltuch
2,5 cm breites Gurtband, weiß oder creme
Abdeckband
Emulsions- oder Acrylfarbe, gelb und drei andere Farben
Acryllack

1 Stoff zuschneiden, mit der Maschine die Webkanten mit Gurtband umnähen, damit die Einfassung fest ist.

2 Einfassung mit Abdeckband überkleben, Stoff gelb anmalen, gut trocknen lassen. Abdeckband entfernen und Einfassung in kontrastierender Farbe bemalen.

3 Zahlenfelder ausmessen und auf dem Stoff markieren. Zahlen nach dem Muster vergrößern, auf Karton übertragen und ausschneiden, um den Rand auf die Felder zeichnen.

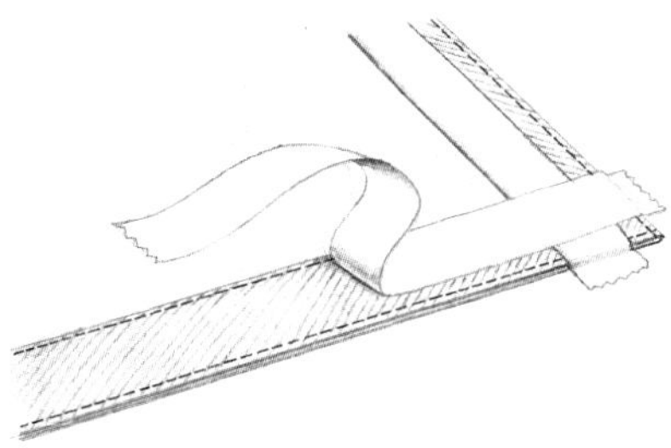

4 Schablonen entfernen, das Feld um die Zahlen in drei verschiedenen Farben bemalen, gut trocknen lassen, dann mit farblosem Lack überziehen.

Truhe mit Weltkarte

Diese ungewöhnliche beklebte und bemalte Kiste ist gleichzeitig praktisch und lehrreich. Farbige Fotokopien von einer großen Weltkarte werden einfach aufgeklebt, dann schneiden Sie verschiedene Bilder, etwa Fische und abstrakte Formen aus, und kleben sie an einigen Stellen auf die Karte. Zum Schluss wird die Truhe mit farblosem Lack überzogen.

C
8
9
7
5
6
4
2
3
1

Puppentheater mit Puppen

Einer alten Tradition folgend, besteht dieses zauberhafte Puppentheater nur aus einem Stoffvorhang im Türrahmen, in das ein Fenster geschnitten wurde. Dieser Bühnenrahmen wurde mit einem Zickzackquerbehang und kleinen Vorhängen ausgestattet. Die Aufführungen sind ein Spaß für die ganze Familie. Hinter dem Vorhang ist immer genug Platz für die Puppenspieler. Das Theater ist leicht transportabel und in jedem Raum des Hauses unterzubringen.

Nehmen Sie entweder Puppen, die Ihre Kinder sowieso haben oder machen Sie – wie hier – einfache Figuren aus Holzlöffeln. Sie sind ideal, weil auch kleinere Kinder den Griff leicht handhaben können. Lassen Sie die Kinder die Gesichter aufmalen und Haare ankleben, sie werden auch gerne Stoffe aussuchen und sicher viele Ideen für die Kostüme haben. Nehmen Sie charakteristische Farben und Stoffe – zum Beispiel blau-weiße Streifen für einen Piraten und glitzerndes Rosa für die Prinzessin.

Dazu braucht man

Stoff für den Vorhang
andersfarbigen Stoff für Bühnenvorhang und Schleifen
passendes Nähgarn
2,5 cm breites Gurtband
2 Rundstäbe für den Bühnenrahmen
Holzstange für den Türrahmen, 2,5 cm Durchmesser
in den Türrahmen passendes Spannseil mit Haltern
Puppen
2 lange Holzlöffel
Stoffreste
passendes Nähgarn
Filz, fleischfarben und gelb
Farben
Garn
Klebstoff

Theater

1 Türöffnung ausmessen, in Länge und Breite je 15,5 cm zugeben. Stoff zuschneiden, 1,25 cm, dann 6 cm einrollen, säumen.

2 Oben und unten je 1,25 cm, dann 6,5 cm einrollen und einen Tunnel nähen. Stecken Sie die auf Türbreite zugesägten Holzstäbe hinein.

3 Schneiden Sie ein rechteckiges Fenster in den Stoff, je etwa 13 cm vom gesäumten Rand, so hoch, dass man die Kinderköpfe nicht mehr sieht und die Kinder die Puppen bequem hochhalten können. Die Höhe des Ausschnitts sollte zur Größe der Puppen passen.

4 Machen Sie einen kleinen diagonalen Einschnitt in die Ecken und nähen Sie rundum einen 1,5-cm-Saum.

5 Nähen Sie links am unteren Rand des Fensters ein Stück Gurtband an beiden Kanten an, schieben Sie einen Stab in den so entstandenen Tunnel.

6 Aus anderem Stoff zwei Vorhanghälften zuschneiden, so hoch wie das Fenster plus 14 cm in der Breite, unten und auf jeder Seite 1 cm doppelt säumen. Oben rollen Sie erst 6

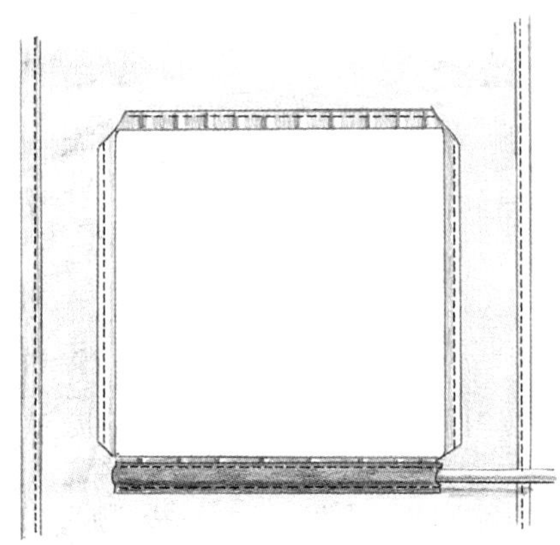

mm, dann 4 cm unter und nähen einen Tunnel. Schneiden Sie den Rest des Stabes auf die Breite des Fensters plus 7,5 cm zu. Einschieben, Vorhänge raffen. Befestigen Sie den Bühnenvorhang etwas über dem Fenster an Garnschlaufen.

6 Machen Sie einen kleinen Zickzackquerbehang (Seite 56) und nähen ihn an den Vorhang.

7 Für die Raffhalter werden aus andersfarbigem Stoff zwei 12,5 x 75

cm große Streifen geschnitten und links mit 6 mm Naht zusammengenäht. Lassen Sie an der Längsseite eine Öffnung. Versäubern, wenden, bügeln, Öffnung mit der Hand zunähen, an jeder Seite um den Vorhang binden.

8 Befestigen Sie die Stange mit einem Spannseil oben am Türrahmen.

Puppen

1 Schneiden Sie für jede Figur aus Stoffresten zwei verschieden große Kreise, in deren Mitte ein kleiner Kreis geschnitten wird.

2 Aus Filz werden für jede Figur vier Armformen geschnitten, paarweise zusammengeklebt und dann an jede Seite der Löffel geklebt. Malen Sie auf die konkave Seite der Löffel Gesichter.

3 Nähen Sie mit der Hand und mit doppeltem Faden mit Rückstich um den Innenkreis. Wickeln Sie Gummiband mehrmals um den Löffelhals, ziehen beide Stoffkreise über den Löffel und drapieren sie zu einem hübschen Kleid.

4 Binden Sie Schleifen um den Hals der Puppen. Der Hut wird aus Filz geformt. Wickeln Sie Stopfwolle 30–40-mal um einen Kartonstreifen, streifen sie herunter, verknoten sie auf einer Seite und schneiden sie an der anderen Seite durch. Am Löffel ankleben und zu Frisuren formen.

Badezimmer für Kinder

Ein eigenes Badezimmer für Kinder mag zunächst wie unnötiger Luxus erscheinen. Tatsächlich ist jedoch jedes Badezimmer, in das Kinder jeden Abend freiwillig und ohne großes Theater gehen, eine Wohltat für alle. Ein anregendes und originelles Einrichtungsthema, zusammen mit bunten Accessoires und Spielsachen, wird die Kinder beim Waschen beflügeln und allen Betroffenen einen entspannten Abend garantieren.

Mit etwas Geschick und Phantasie kann man für Kinder einen eigenen Bereich schaffen, was vor allem in großen Familien nützlich ist, wenn morgens alle zur selben Zeit das Bad stürmen.

In einem Kinderbadezimmer muß nicht unbedingt eine Wanne oder Dusche sein. WC, Waschbecken, Spiegel und Abstellflächen könnten in einem kleines Dachzimmer oder unter der Treppe untergebracht werden, es entlastet das Bad in den hektischen Morgenstunden.

Sorgen Sie immer für Sicherheit und lassen Sie vor allem kleine Kinder nie unbeaufsichtigt allein im Bad, auch nicht mit älteren Geschwistern.

Im Badezimmer »Tiefblaues Meer« (Seite 122), an dessen Wänden Myriaden von Fischen schwimmen, macht das Waschen Spaß.

So inmitten eines Ozeans gebadet und abgetrocknet zu werden, macht es Kindern vielleicht auch leichter, ins Bett zu gehen.

Dekoration

Selbst winzige Räume können mit hellen Stoffrollos, Spitzengardinen oder gestreiften Vorhängen aufgefrischt werden. Segeltuch und guter alter Drillich sind ideal für Badezimmer, weil sie nicht nur schön aussehen, sondern unempfindlich und haltbar sind. Machen Sie daraus einfache Rollos, die an der Wand mit dicker Schnur befestigt werden. Eine bunt bemalte Messlatte und lustige Wäschekörbe tragen zum heiteren Eindruck bei.

Die Unterwasserwelt ist ein Thema, das gut in Badezimmer passt und Kindern viel Spaß macht. Sie ist das Thema im Badezimmer »Tiefblaues Meer« (Seite 118–119), das die ganze Familie nutzt. Hier tummeln sich Fische in allen möglichen Farben und Formen. Es gibt viele Möglichkeiten, Themen aus der Welt des Meeres zu finden. Nähen Sie Beutel aus Netzen, in die kleine Muscheln geknüpft sind und stecken kleine Spaten und Eimer, Schwimmenten und Holzfische hinein. Mit grünem Nylonnetz entsteht eine schöne Wanddekoration, in die Sie kleine Fische, Seesterne, Schiffchen aus Holz und alles mögliche Treibgut einflechten können. Bemalen Sie ein kleines Wandregal mit Wellen- oder Fischmustern und stellen Sie Fische und Wasservögel aus Holz, Muscheln und bizarre Schwämme in das oberste Fach.

Auch die klassische Kombination von Holz und Weidengeflecht vor weißem Hintergrund lässt sich leicht realisieren. Ein vorwiegend einfarbiger Raum wirkt weicher mit bemalten Lloyd-Loom-Sesseln mit Blumenkissen oder mit Holzjalousetten mit Schabracke vor kleinen Fenstern.

Sie werden sich wie am Mittelmeer fühlen, wenn Sie vor zartfarbigen Wänden Wandschränke und Regale in lebhaftem Gelb und Blau anmalen und mit roten, blauen und gelben Stoffen, die bunt oder mit unregelmäßigen Streifen und Karos gemustert sind, ausstatten. Die Einrichtung wird mit bunt bemaltem Holzspielzeug auf einem schmalen Regal ergänzt – und Waschen wird nie mehr langweilig sein.

Magie der Oberflächen

Für die Wände sind Fliesen die naheliegende Wahl. Wenn Sie neu kacheln, gucken Sie nach Farben und Mustern, die zu Ihrem Thema passen, zum Beispiel gibt es einige bezaubernde Fischkacheln.

Nut-und-Feder-Bretter sind praktisch und passen gut in ein Kinderbadezimmer. Mit Farbe und/oder Lack gestrichen, werden ihnen Flecken und Spritzer nichts ausmachen. Sie eignen sich auch zum Dekorieren mit Bildern, gemalt oder schabloniert, die zum Thema passen. Vervollständigen Sie das Bad mit einem schmalen Regal für Muscheln und Toilettenartikel der Kinder.

Als Spritzschutz kann man eine Platte wellenförmig aussägen, mit bunten Fischen bemalen und direkt an der Wand oder, wie im Badezimmer »Tiefblaues Meer« (Seite 122), an der Holzverschalung anbringen.

Bemalung

Wenn Sie Vertrauen in Ihre künstlerische Begabung haben, malen Sie freihändig, vielleicht einen Fries oder eine Reihe sich wiederholender Motive wie Schilf, Sterne, Pünktchen oder eine Wellenlinie. Sonst schneiden Sie einfache Motive aus Zeitschriften aus und nehmen sie als Schablone. Sie können auch Bilder fotokopieren und dann anmalen. Alles wird auf den Spritzschutz geklebt und mit farblosem Lack wasserfest gemacht.

Mit dem Schwamm sind Bilder besonders leicht von einer Oberfläche auf die andere zu übertragen. Einfache Motive ohne viele Details eignen sich dafür am besten. Zeichnen Sie das Motiv auf einem dicken Dekorationsschwamm mit Filzstift vor, schneiden es mit einem Messer aus, tränken ihn leicht mit Farbe und stempeln die Bilder auf. Es ist so einfach, dass auch Kinder dabei helfen können.

Unterwassermotive können freihändig gemalt oder mit Schablonen und Stempeln aufgebracht werden. Wenn Kinder mithelfen, können sie später in der Badewanne sitzend ihr Werk bewundern.

Stauraum

Badezimmerschränke sind leicht zu dekorieren. Ändern Sie ein billiges Möbel in einen witzigen Schrank, der mit Fischen und Muscheln dekoriert wird. Oder bauen Sie einen Schrank im Treibholz-Look aus verwitterten Dielenbrettern, mit antikem Schloss samt Metallschlüssel und einem Stück Tau als Türöffner. Ein Spiegel kann innen oder außen an der Tür angebracht werden. Es braucht etwas Phantasie, um Spielzeug auf kleinstem Raum gut unterzubringen. Sinnvoll sind Mehrzweckmöbel wie eine Holzkiste auf Rädern, auf der man auch sitzen kann oder ein Korb mit Deckel. In offenen Regalen können oben Handtücher und Toilettenartikel, unten Spielsachen aufbewahrt werden.

Sicherheit

Sicherheit ist im Badezimmer wichtig. Der Fußboden sollte aus rutsch- und wischfestem Material wie Linoleum sein. Badevorleger müssen auf einer Antirutsch-Unterlage liegen oder eine rutschfeste Beschichtung haben. Mit einem soliden Tritt kommen Kinder gut an das Waschbecken. Medizin sollte außer Reichweite in einem Schränkchen verschlossen sein.(Zur Sicherheit siehe S.130.)

Badezimmer Tiefblaues Meer

Das Kinderbadezimmer (Seite 118–119) wurde vom magischen Blau des Meeres und der unendlichen Vielfalt der Meereswelt angeregt. Wählen Sie Accessoires und dazu passende Handtücher mit den Kindern aus. Sie werden sich schrecklich wichtig vorkommen, wenn sie ihren Freunden den Weg in »ihr« Badezimmer zeigen.

Spritzschutz

Diese schöne Unterwasserszene wurde mit Schwammdrucken, Schablonen und freihändig auf Hartfaserplatte aufgetragen und verführt sogar Bademuffel. Kinder können beim Drucken mit dem Schwamm helfen, denn es geht so leicht wie mit Kartoffelstempeln. Viele der Motive werden Sie hinten im Buch als Muster finden, verwenden Sie einige davon auch für das Stoffrollo. Die Platte wird mit Kreuzschlitzschrauben an die Holzwand geschraubt und kann leicht zum Ausbessern oder Erneuern abgenommen werden.

Dazu braucht man

Hartfaserplatte
Dekupiersäge
dunkelblaue Emulsionsfarbe
mehrere Acrylfarben
Schwämme, Schablonen, Pinsel
matten Acryllack

1 Zeichnen Sie eine Wellenlinie auf die Platte und sägen sie aus. Ränder abschmirgeln. Den Hintergrund dunkelblau anmalen.

2 Fische und Wasserpflanzen können auf verschiedene Art und Weise angebracht werden: Fischformen in Schwämme schneiden, leicht mit Acrylfarbe tränken, aufdrucken. Einzelne Motive mit Pinsel oder Schwamm schablonieren. Details wie Augen können mit der Hand gemalt werden – und natürlich kann man alles auch frei malen.

3 Zum Schutz mit mehreren Schichten Lack überziehen, nach jeder Schicht gut trocknen lassen.

Schrank mit tropischen Fischen

Bemalt verwandelt sich ein Möbel vom Sperrmüll in ein ebenso praktisches wie witziges Badezimmerschränkchen. Die unregelmäßige Oberfläche und die Hintergrundfarbe, die tropischen Fische und Muscheln tragen zu der reizvollen Wirkung bei.

Zum Malen wird Emulsionsfarbe verdünnt, um einen blassen, verwaschenen Effekt zu erreichen. Die raue, unebene Textur des Hintergrunds entsteht, wenn man mit Emulsionsfarbe über Ölfarbe in dunklerem Ton malt. Die Wellen und Luftbläschen malt man mit verdünnter weißer Emulsionsfarbe. Die geheimnisvoll durchsichtigen tropischen Fische und Muscheln sind aus aufgeklebtem und anschließend bemaltem Seidenpapier. Zum Schluß wird alles zum Schutz vor Wasser mit Lack überzogen.

Gemalte Dekoration

Türen und Möbel aus Holz bieten gute Oberflächen für Unterwasserbilder. Für diese Schranktür wurde hellblaue Farbe verdünnt, um die gebrochene, verwaschene Wirkung zu erzielen. Die orangefarbenen Fische wurden mit einem mit Farbe getränkten Schwamm – ähnlich wie Kartoffelstempeln – aufgedruckt, die purpurfarbenen Fische mit Schablonen gemalt.

Zum Schluss wurde die Tür mit farblosem Lack überzogen. Die Tischkante ist mit Wellen bemalt, die mit dem Spritzschutz an der Wand korrespondieren.

Messlatte

Kinder interessieren sich brennend dafür, wie groß sie schon geworden sind und werden liebend gerne beim Dekorieren der Messlatte mitmachen. Sie ist aus Kästchenpapier, das auf die Breite eines Brettes zugeschnitten wurde, man kann sie allerdings ebenso gut an einer glatten tapezierten Wand anbringen. Die Maltechnik und die Motive sind wie beim Spritzschutz (Seite 122), die Größenangaben sind jeweils in eine Luftblase gemalt.

Wäschebeutel

Stoffbeutel an Haken sind eine praktische Lösung für alle möglichen Accessoires. Schneiden Sie für jeden Beutel ein rechteckiges Stoffstück zu. Rechts auf rechts auf halb legen. Säumen Sie eine Seite und das Ende und lassen Sie 13 cm von oben 2 cm frei. Ecken versäubern, wenden, bügeln. Am oberen Rand erst 6 mm, dann 7,5 cm einschlagen, säumen. Nähen Sie mit einer weiteren Naht, 4,5 cm von oben, einen Tunnel. Aus demselben Stoff für das Band einen 4 cm breiten Streifen schneiden, Schnittkanten aufeinander und nochmals auf halb legen, bügeln. Seitlich und an beiden Enden nähen. Mit einer Sicherheitsnadel durch den Tunnel ziehen, Sicherheitsnadel entfernen, vorsichtig aufziehen, den Beutel aufhängen und die Bänder am Ende knoten.

Rollo

Dieses hübsche Stoffrollo verschönert jedes Fenster. Das bunte Unterwasserdesign eignet sich ideal für Kinderbadezimmer, es war auch die Anregung für all das Meeresgetier, mit dem das Badezimmer »Tiefblaues Meer« dekoriert wurde. Abgefüttert mit einem farblich abgestimmten, gepunkteten Stoff, der auch für die zwei Zugbänder verwendet wurde, kann man mit diesem leicht und schnell genähten Rollo sowohl die Aussicht aussperren wie vor Sonnenlicht schützen.

Das Rollo wird einfach mit Klettband oben am Fensterrahmen (oder an eine Leiste an der Wand darüber) angebracht. Solche Rollos eignen sich vor allem dort, wo sie nicht ständig auf- und zugezogen werden, und wo der Raum nicht völlig verdunkelt werden soll. Es ist die ideale Lösung für Badezimmer, in die man nicht direkt hineinsehen kann.

Dazu braucht man

Stoff
Futterstoff
passendes Nähgarn
Klettband

Maße

Fenster ausmessen, in der Breite 2,5 cm, in der Länge 4 cm für den Saum zugeben. Die beiden Bänderpaare haben dieselbe Länge plus der Länge für die Schleifen.

1 Schneiden Sie Stoff und Futter exakt nach Maß sowie vier 11,5 cm breite Stoffstreifen in der gewünschten Länge für die Bänder.

2 Legen Sie die Streifen je rechts auf rechts der Länge nach auf halb, nähen einen 6-mm-Saum die Längsseite hinunter und an einem Ende. Kanten säubern, wenden, bügeln.

3 Futterstoff, rechte Seite oben, auf einen ebenen Untergrund legen, oben zweimal zwei Bänder übereinander legen, die ungesäumten Enden parallel zur Schnittkante des Stoffs, gerade nach unten verlaufend, je etwa ¼ vom Rand entfernt.

4 Legen Sie den Dekorationsstoff darauf, rechte Seite nach unten, die Bänder liegen dazwischen. Unten und an den Seiten einen 2,5 cm Saum nähen, oben in der Mitte eine Öffnung (etwa ein Drittel der Breite) lassen, ohne dass sie die Bänder berührt.

5 Wenden, bügeln, Schnittkanten der Öffnung einschlagen und mit der Hand säumen. Je eines der Bänder sollte hinten, das andere vorne hängen, oben festheften. An der Oberkante Klettband aufnähen, Heftfäden entfernen.

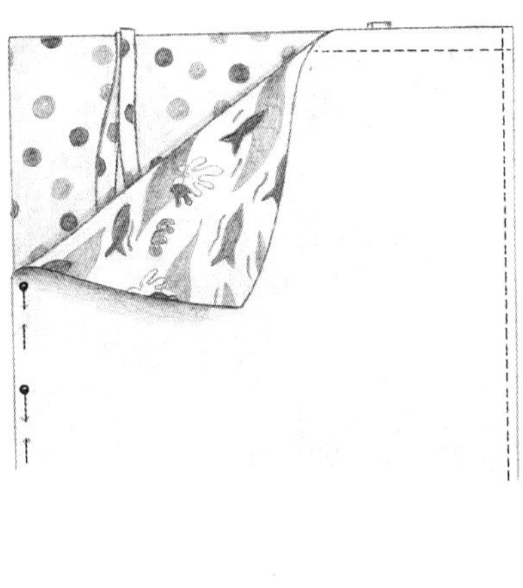

6 Die Klebeseite des Klettbandes wird am Fensterrahmen oder an der Leiste befestigt. Ziehen Sie das Rollo in die gewünschte Höhe und binden Sie unten zwei schöne große Schleifen.

Badematte

Einfache Fischformen eignen sich ideal für Applikationen auf einer einfarbigen Badematte. Schneiden Sie die Formen aus buntem Frotteestoff, säumen Sie rundum und nähen sie auf die Matte. Anstelle von Frotteestoff können Sie auch farblich passende Waschlappen nehmen.

Sicherheit geht vor

Zwischen der notwendigen Sicherheit im Haus und dem Temperament der Kinder muss das richtige Gleichgewicht gefunden werden. Dafür gibt es heute viele praktische Hilfsmittel. Dank vernünftiger Beratung und Ausstattung konnte die Zahl häuslicher Unglücksfälle entscheidend reduziert werden.

Küche

Die Küche birgt viele Gefahren, vor allem wenn Krabbelkinder bei der Vorbereitung des Essens oder bei der Hausarbeit dabei sind. Mit einigen Vorsichtsmaßnahmen können Sie Unfälle vermeiden. Halten Sie jedoch Kinder und ihr Spielzeug möglichst in einiger Entfernung von Ihrem Arbeitsplatz.

Der Fußboden sollte sauber und trocken sein. Achten Sie darauf, dass kein Spielzeug herumliegt, über das man stolpern könnte. In einer viel benutzten Küche sollten auch keine losen Teppiche oder Matten liegen.

Wichtig ist die richtige Beleuchtung. Wenn es einen Tisch zum Spielen oder Arbeiten für die Kinder gibt, sollte er gut von oben oder mit einer passenden Tischlampe beleuchtet sein.

Wenn Sie einen neuen Herd kaufen, käme vielleicht ein oben an der Wand angebrachter Grill oder Backofen infrage. Steht der Herd auf dem Boden, achten Sie auf eine gut isolierte Tür, Kindersicherungen an den Schaltern und Plattenschutz. Drehen Sie beim Kochen Pfannenstiele nach innen. Verwenden Sie eher die hinteren als die vorderen Platten.

Putzmittel sollten oben in einem verschließbaren Schrank außer Reichweite der Kinder aufgehoben werden, ebenso Messer, scharfe Werkzeuge und Geräte.

Gläser und wertvolles Porzellan sollten nicht in den unteren Schrankfächern stehen. Bringen Sie besser an allen Schränken Kindersicherungen an und stellen Sie empfindliche Gegenstände hoch oben hin. Machen Sie den Kindern klar, dass Sie die Schränke nicht öffnen dürfen.

Erlauben Sie Ihnen aber, an ein oder zwei Schränke zu gehen, in denen nichts Gefährliches steht. Der Inhalt der anderen Schränke wird sie dann wahrscheinlich nicht mehr so brennend interessieren – außer Sie lassen die Türen auf. In die »erlaubten« Schränke stellen Sie unzerbrechliche, aber interessante Gegenstände – leichte Kochtöpfe, Holzlöffel oder leere Joghurtbecher, verändern Sie den Inhalt gelegentlich, damit ein Überraschungseffekt bleibt. Kleine Büchsen oder leichte Plastikbehälter können die Kinder nicht verletzen, wenn sie doch einmal an ein niedriges Schrankfach gehen.

Zum Schutz vor Feuer sollte ein Rauchmelder nicht in der Küche, sondern in der Nähe angebracht sein, dazu ein Feuerlöscher an einem sicheren Platz in der Küche. Ziehen Sie die Schnur aus nicht benutzten Elektrogeräten wie Mixer, Toaströster, Wasserkessel, Küchen- und Kaffeemaschinen.

Wohnzimmer

Die meisten Unfälle in Wohnzimmern passieren durch unbewachtes Feuer (Kamine oder Kerzen), Teppiche als Stolperfallen oder unbeaufsichtigte Kinder, die von den Möbeln fallen.

Stellen Sie keine Möbel in die Nähe des Kamins, vor allem nicht, wenn Polyurethanschaumstoff enthalten ist. Weil er leicht entflammbar ist und gefährliche Dämpfe entwickelt, wird er nicht mehr verkauft, kann jedoch in älteren Möbeln enthalten sein. Brennende Kamine sollten immer an drei Seiten mit einem Schutzgitter umstellt sein, möglichst an der Wand angeschraubt, damit Kinder es nicht verrücken können.

Kaffeetische sollten runde Ecken und keine Glasplatten haben. Solange die Kinder klein sind ist es vielleicht sogar sinnvoll, den Kaffeetisch eine Zeit lang wegzuräumen – die Verlockung, darauf, darüber und darunter zu klettern ist zu groß. Für scharfe Schrank- oder Regalecken gibt es einen Eckenschutz.

Teppiche auf Holzböden sollten mit einem Rutschgitter versehen sein. Machen Sie die Böden nicht unnötig glatt mit Bohnerwachs und Pflegemitteln. Wenn Ihre Kinder Asthma oder Ekzeme haben, sind Holzböden besser, weil sie weniger Staub als Teppichböden anziehen.

Legen Sie Kabel von freistehenden Lampen wo immer möglich hinter die Möbel. Stecken Sie in unbenutzte Steckdosen eine Kindersicherung. Verwenden Sie Kabelhalter, damit die Kabel hinter Videorecordern und Fernsehgeräten nicht einzeln herumliegen.

Alkohol und andere Getränke werden außer Reichweite in Schränken oder Regalen aufbewahrt. Buchregale, an denen man wackeln könnte, sollten an der Wand festgeschraubt werden. Vielleicht bringen Sie einzelne kleine Regalbretter höher an der Wand an, damit wertvolle Gegenstände dort sicher stehen.

Verglaste Türen oder französische Fenster sollten Sicherheitsglas haben, zumindest sollte schon vorhandenes Glas mit einem Sicherheitsfilm überzogen werden. Kleben Sie Sticker auf große Fensterflächen, damit sie nicht ganz »unsichtbar« sind. Flügelfenster sollten abschließbar sein, damit Kleinkinder sie nicht öffnen und herausklettern können. (Heben Sie aber die Schlüssel für Notfälle in der Nähe auf.)

Kinderzimmer

Die richtige Temperatur ist im Kinderzimmer besonders wichtig, vor allem im Winter. Babys unter drei Monaten können ihre Körpertemperatur nicht selber regeln, also ist es wichtig, dass das Zimmer während der ersten Wochen eine gleichbleibende Temperatur zwischen 19 und 22 Grad hat. Stellen Sie die Wiege nicht zu dicht an Tür oder Fenster, damit das Baby nicht im Zug liegt.

Stellen Sie sicher, dass Wiege und Kinderbett den Sicherheitsbestimmungen entsprechen, mit einem Gitter, dessen Stäbe nicht weniger als 2,5 und nicht mehr als 6 cm auseinander liegen. Bänder am Bettzeug müssen kurz sein, damit das Kind sie nicht um den Hals wickeln oder in den Mund stecken und verschlucken kann. Erst mit einem Jahr dürfen Kinder ein Kopfkissen bekommen.

Ein Babyalarm wird Sie beruhigen, falls das Haus Schall schluckt und Sie es nicht schreien hören können.

Bauen Sie einen Schalter zum Dimmen der Deckenbeleuchtung ein, damit Sie nach dem Kind sehen können, ohne es aufzuwecken.

Windeln sollten auf einer glatten stabilen Fläche gewechselt werden. Eine Matte auf dem Boden ist der sicherste Platz, kann Ihnen aber Rückenschmerzen einbringen – also werden Sie sich für einen Tisch oder eine Kommode vor der Wand entscheiden. Sie sollten vernünftigerweise eine Kante um den Rand haben, damit das Kind nicht herunterfallen kann. Lassen Sie es trotzdem nie unbeaufsichtigt. Beenden Sie immer erst das Wechseln der Windeln, und lassen Sie Türklingel, Telefon oder ein anderes Kind warten.

Wenn das Kind größer geworden ist, haben Sie die Wahl zwischen verschiedenen Betten. Etagenbetten und Hochbetten sind gut für Kinder ab fünf Jahren. Mit einem Gitter an der Seite können Drei- bis Fünfjährige nicht aus einem Einzelbett fallen.

Verwenden Sie nur kleine Kommoden und Buchregale, die an die Wand geschraubt sind, damit man sie nicht verrücken kann.

Windeln, Cremes oder Mittel zum Sterilisieren werden außer Reichweite des Kleinkinds in einem verschließbaren Schrank aufgehoben.

Badezimmer

Sind Kinder im Haus, sollten alle möglicherweise gefährlichen Putzmittel, Medizin, Tabletten, Rasierklingen und Rasierapparate, Kosmetikartikel usw. in einem abschließbaren Schränkchen oben an der Wand aufbewahrt werden, das in einiger Entfernung von WC oder Badewanne hängt, damit die Kinder nicht hochklettern können. Die Badematte sollte eine rutschfeste Unterlage haben, damit niemand hinfällt. Wenn die Dusche eine Glaswand hat, sollte sie aus Sicherheitsglas sein.

Dielen und Treppen

Dielen und Treppenhäuser sollten ausreichend beleuchtet sein, damit jeder nachts sicher die Stufen hochsteigen kann. Wenn das Licht im Treppenhaus nicht die ganze Nacht brennen soll, sollte man zumindest ein Nachtlicht vorsehen. Machen Sie oben und unten ein Gitter an die Treppe, bis das Kind richtig Treppensteigen gelernt hat. Die Haustür sollte oben eine zusätzliche Verriegelung haben, sei es eine Kette oder ein Schloss, damit die Kinder nicht unbeaufsichtigt auf die Straße laufen können.

Allgemeine Sicherheit

Bauen Sie im Kinderzimmer einen Rauchdetektor ein und prüfen Sie regelmäßig die Batterien.

Wenn Sie ein Kinderzimmer anstreichen und dekorieren, bedenken Sie, dass bestimmte Ölfarben und Lacke bei der Verwendung Dämpfe abgeben. Machen Sie diese Arbeiten also vor der Ankunft des Babys und bei geöffnetem Fenster, denn es dauert einige Zeit, bis der Geruch verschwindet. Wenn es möglich sind, nehmen Sie lieber Emulsionsfarben auf Wasserbasis, die sicherer sind.

Lassen Sie niemals elektrische Geräte oder anderes Werkzeug und Zubehör herumliegen, weder während noch nach der Arbeit. Schablonierfarben, Schaber und sogar Schmirgelpapier können in den falschen Händen Schaden anrichten.

Sorgen Sie dafür, dass Schnüre und Kurbeln an Rollos und Vorhängen sicher verknotet und außer Reichweite von Kleinkindern sind, bis sie groß genug sind, um zu wissen, dass man damit nicht schaukeln und spielen darf.

Muster (s. nächste Seiten)

Vergrößern Sie die Muster auf den Seiten 132–139, indem sie entweder Kästchen für Kästchen in der gewünschten Größe auf Millimeterpapier übertragen, oder arbeiten Sie mit Fotokopien.

Muster in einem Drittel der gewünschten Größe müssen 300 Prozent, in der halben Größe 200 Prozent, in zwei Dritteln 150 Prozent vergrößert werden.

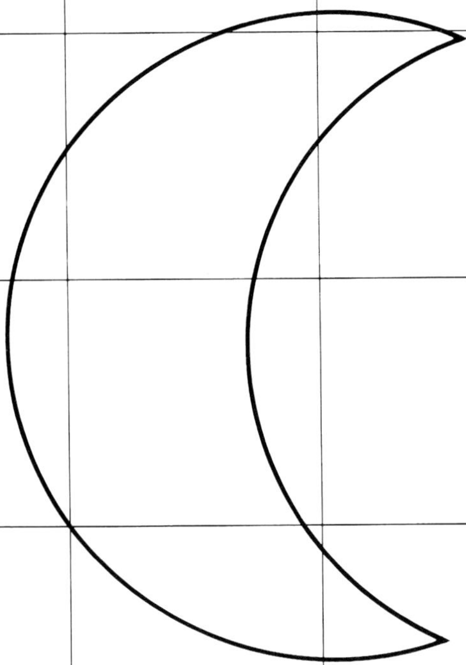
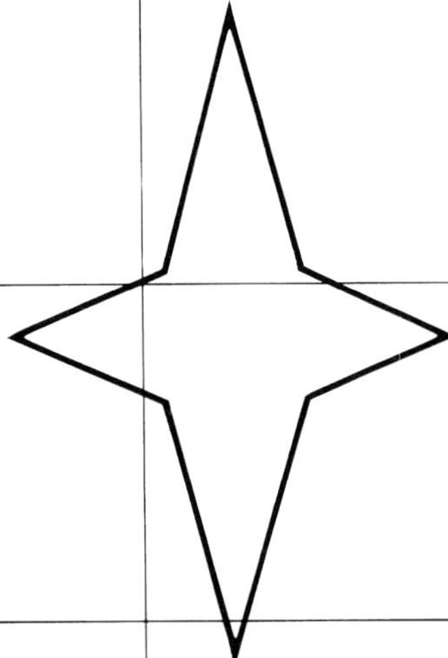
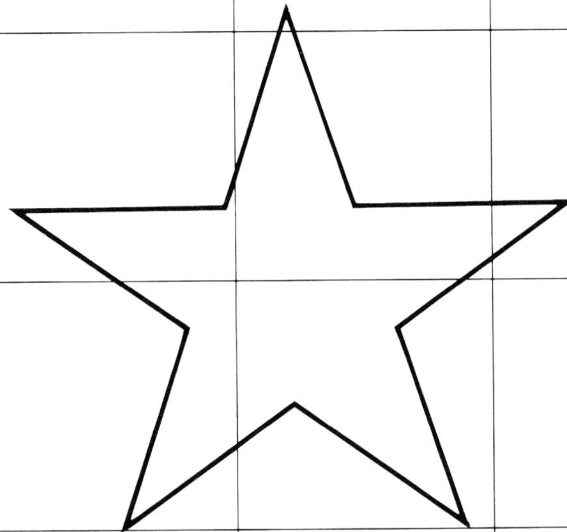

Die Eule und das Kätzchen

Der Mond und der fünfzackige Stern sind zum Schablonieren der oberen Wand (Seite 48), der vierzackige Stern für den Rahmen des Vierpfostenbettes (Seite 53). Die Muster sind ⅓ der Originalgröße. 1 Quadrat = 10 cm.

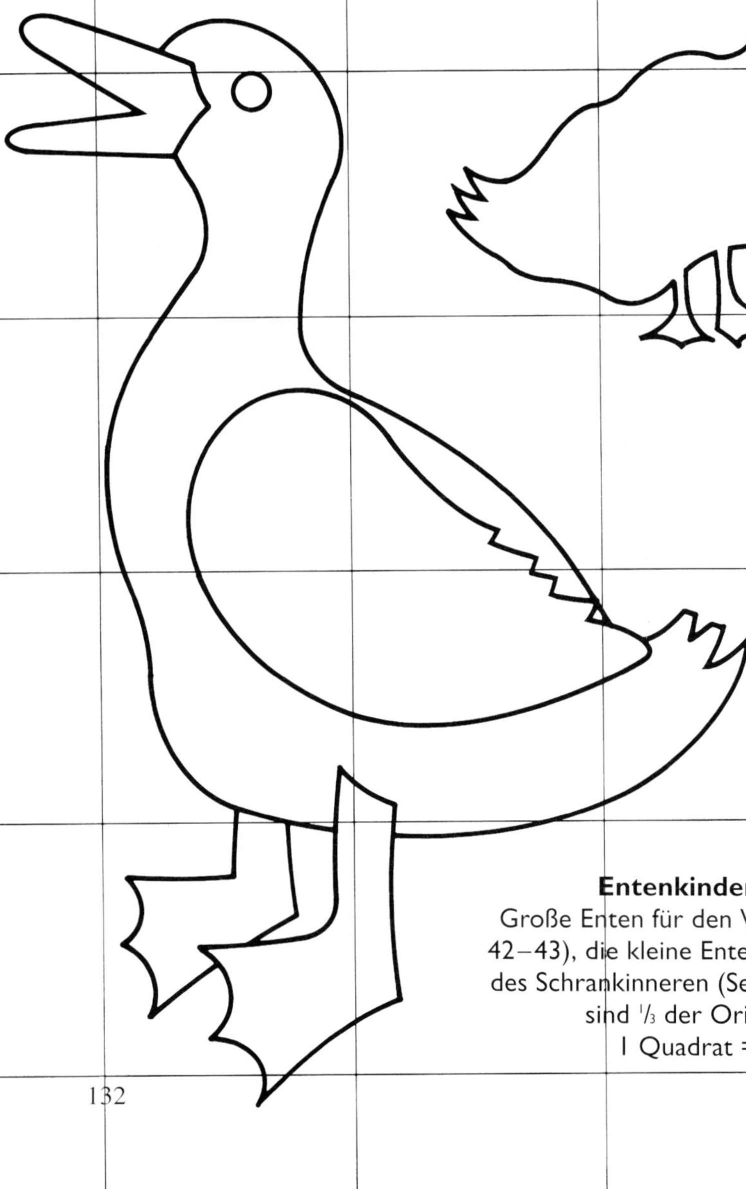

Entenkinderzimmer

Große Enten für den Wandbehang (Seite 42–43), die kleine Ente zum Schablonieren des Schrankinneren (Seite 32). Die Muster sind ⅓ der Originalgröße.
1 Quadrat = 10 cm.

Amazonaszimmer

Papageien für die Vorhänge (Seite 64).
Die Muster sind ⅔ der Originalgröße.
1 Quadrat = 5 cm.

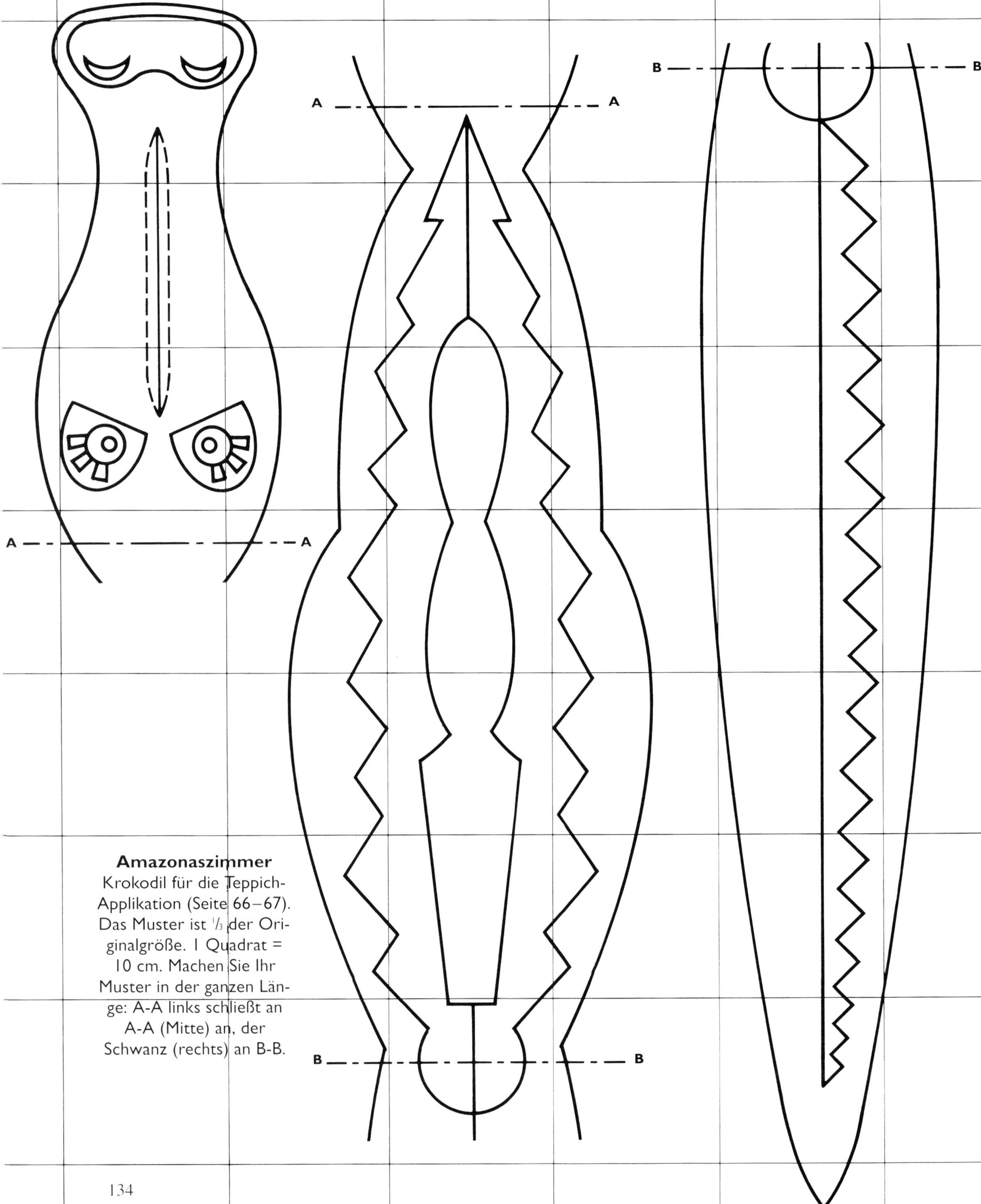

Amazonaszimmer

Krokodil für die Teppich-Applikation (Seite 66–67). Das Muster ist 1/3 der Originalgröße. 1 Quadrat = 10 cm. Machen Sie Ihr Muster in der ganzen Länge: A-A links schließt an A-A (Mitte) an, der Schwanz (rechts) an B-B.

Amazonaszimmer
Verschiedene Seerosen-Muster für die Teppich-Applikation. Die Muster sind ⅓ der Originalgröße.
1 Quadrat = 10 cm.

Seemannszimmer
Muster für die Fahnen, in zwei Drittel der Originalgröße.
1 Quadrat = 5 cm.

Schlafzimmer der kleinen Prinzessin
Große Ranke zum Schablonieren der Tapetenbordüre (Seite 84), kleine für die gemalte Türdekoration (Seite 86). Die Muster sind halb so groß wie im Original.
1 Quadrat = 5 cm.

Kreatives Spielzimmer. Zahlen und Buchstaben für die Wandbemalung (Seite 110) und Himmel und Hölle (Seite 106).

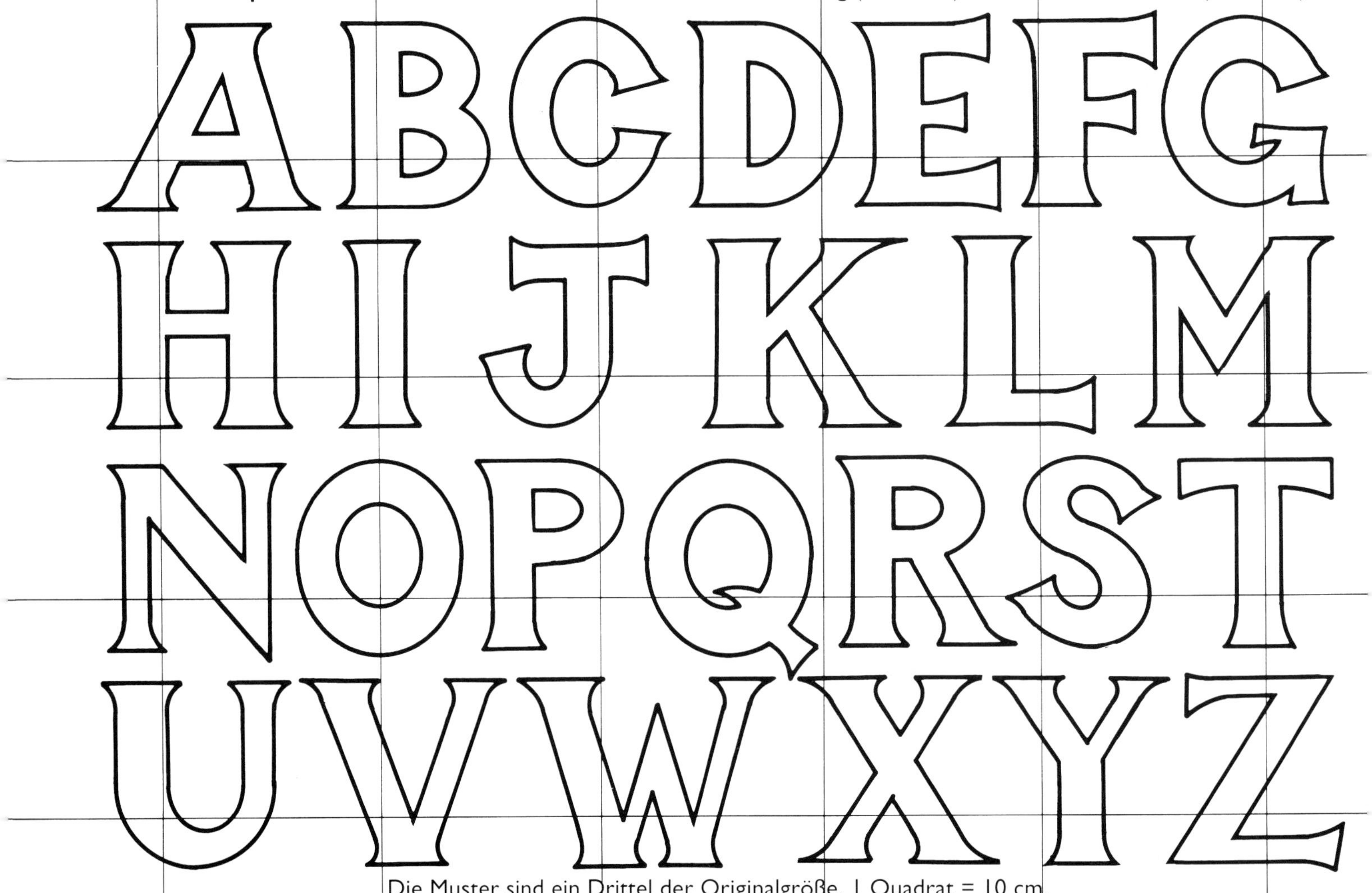

Die Muster sind ein Drittel der Originalgröße. 1 Quadrat = 10 cm.

Badezimmer
Tiefblaues Meer

Muster für die Unterwasserszene des Spritzschutzes, das Schränkchen, Bemalung und Messlatte (Seite 122–124). Muster in zwei Drittel der Originalgröße. 1 Quadrat = 5 cm.

Laura-Ashley-Shops

GROSSBRITANNIEN
LONDON
Brent Cross (nur Kleider) 0181 202 2679
Chelsea 0171 823 7550
Covent Garden 0171 240 1997
Ealing 0181 579 5197
Kensington 0171 938 3751
Knightsbridge (nur Kleider) 0171 823 9700
Knightsbridge (nur Raumausstattung) 0171 235 9797
Marble Arch 0171 355 1363
Oxford Circus 0171 437 9760

SHOPS AUSSERHALB VON LONDON
Aberdeen 01224 625787
Aylesbury 01296 84574
Banbury 01295 271295
Barnet 0181 449 9866
Bath 01225 460341
Bedford 01234 211416
Belfast 01232 233313
Beverley 01482 872444
Birmingham 0121 631 2842
Bishops Stortford 01279 655613
Bournemouth (nur Kleider) 01202 293764
Brighton 01273 205304
Bristol, Broadmead 0117 922 1011
Bristol, Clifton 0117 927 7468
Bromley 0181 290 6620
Bury St Edmunds 01284 755658
Cambridge 01223 351378
Canterbury 01227 450961
Cardiff 01222 340808
Carlisle 01228 48810
Chelmsford 01245 359602
Cheltenham 01242 580770
Chester (nur Kleider) 01244 313964
Chester (nur Raumausstattung) 01244 316403
Chichester 01243 775255
Colchester 01206 562692
Derby 01332 361642
Dudley 01384 79730
Eastbourne 01323 411955
Edinburgh (nur Kleider) 0131 225 1218
Edinburgh (nur Raumausstattung) 0131 225 1121
Epsom 01372 739595
Exeter 01392 53949
Farnham 01252 712812
Gateshead 0191 493 2411
Glasgow 0141 226 5040
Guildford 01483 34152
Harrogate 01423 526799
Heathrow 0181 759 1951
Hereford 01432 272446
High Wycombe 01494 442394
Hitchin 01462 420445
Horsham 01403 259052
Ipswich 01473 216828
Ipswich 01473 721124
Isle of Man 01624 801213
Jersey 01534 608084
Kings Lynn 01553 768881
Kingston 0181 549 0055
Leamington Spa 01926 314584
Leeds 0113 245 0622
Leicester 01162 513165
Lincoln 01522 511611
Llanidloes 01686 412557
Maidstone 01622 750138
Manchester 0161 834 7335
Middlesbrough 01642 226034
Milton Keynes 01908 660190
Newcastle-Under-Lyme 01782 662014
Newport I.O.W. 01983 821806
Northampton (nur Kleider) 01604 231975
Norwich 01603 632958
Nottingham 01159 503366
Oxford 01865 791689
Perth 01738 623141
Peterborough 01733 311766
Plymouth 01752 268344
Preston 01772 202425
Reading 01734 594313
Richmond 0181 940 9556
Salisbury 01722 338383
Sheffield 0114 270 1855
Sheffield Meadowhall 0114 256 8221
Shrewsbury 01743 351467
Skipton 01756 700301
Solihull 0121 704 4344
Southampton 01703 228944
Southport 01704 546214
St Albans 01727 864611
Stockport 0161 474 7927
Stratford-Upon-Avon 01789 298852
Sutton 0181 643 9790
Sutton Coldfield 0121 355 3671
Swindon 01793 641727
Taunton 01823 288202
Tenterden 01580 765188
Torquay 01803 291443
Truro 01872 223019
Tunbridge Wells 01892 534431
Watford 01923 254411
Wilmslow 01625 535331
Winchester 01962 855716
Windsor (nur Kleider) 01753 854345
Windsor (nur Raumausstattung) 01753 831456
Worcester 01905 20177
Worthing 01903 205160
Yeovil 01935 79863
York 01904 627707

REPUBLIK IRLAND
Cork 00 3532 127 4070
Dublin 00 3531 679 5433

EINRICHTUNGSHÄUSER
Im Einrichtungshaus Sainsbury's Homebase House and Garden Centres
Basildon 01268 584088
Basingstoke 01256 469510
Bath 01225 339293
Blackheath 0181 856 9767
Bradford 01274 611929
Branksome 01202 768311
Brentford 0181 847 2214
Camberley 01276 686227
Cardiff 01222 499675
Catford 0181 461 0606
Chelmsford 01245 257257
Chichester 01243 533373
Colchester 01206 869187
Coventry 01203 715901
Crawley 01293 538351
Crayford 01322 558614
Croydon 0181 684 8250
Derby 01332 291260
Enfield 0181 366 2236
Gloucester 01452 526806
Guildford 01483 304115
Harlow 01279 413355
Hatfield 01707 275837
Hendon 0181 200 7737
Hull 01482 572434
Ilford 0181 590 0212
Ipswich 01473 721124
Kensington 0171 603 2285
Kingston 0181 949 7861
Leeds 0113 268 5010
Leicester 0116 254 6075
Luton 0582 593445
Maidstone 01622 715400
Mill Hill 0181 203 7740
Milton Keynes 01908 692727
New Southgate 0181 368 1698
Newcastle-Under-Lyme 01782 711752
Northampton 01604 234143
Norwich 01603 417474
Nottingham 0115 941 3885
Oldbury 0121 544 7333
Orpington 01689 890353
Oxford 01865 747979
Penge 0181 778 4214
Rayleigh Weir 01268 745374
Reading 01734 584572
Richmond 0181 876 2235
Rochester 01634 200088
Romford 01708 730326
Sheffield 0174 255 5175
Southampton 01703 510098
Stockport 1061 474 7489
Swansea 01792 650935
Swindon 01793 487125
Tunbridge Wells 01892 546646
Wakefield 01924 387011
Walsall 01922 29524
Walsgrave 01203 602086
Waltham Cross 01992 625275
Walthamstow 0181 531 8233
Watford 01923 252075
Willesden 0181 459 3989
Wimbledon 0181 946 9802
Worcester 01905 420401
Worle 01934 512628
York 01904 643911

VEREINIGTE STAATEN
Albany 518 452 4998
Ann Arbor 313 747 6620
Ardmore 610 896 0208
Arlington 703 415 2111
Atlanta-Lenox 404 231 0685
Atlanta-Perimeter 404 395 6027
Austin 512 4514036
Bal Harbor 305 864 5628
Beachwood 216 831 7621
Birch Run 517 624 9297
Birmingham 205 985 0090
Bluffton 803 837 4339
Boca Raton 407 368 5622
Boston 617 536 0505
Bridgewater 908 725 3700
Buffalo 716 681 8600
Burlington/Boston 617 272 4540
Burlington/Vermont 802 658 5006
Carmel-by-the-Sea 408 624 8095
CentralValley 914 928 4561

Charleston 803 723 3967
Charlotte 704 362 0926
Charlottesville 804 971 7707
Chattanooga 615 855 5496
Chestnut Hill 617 965 7640
Chicago 312 951 8004
Cincinnati 513 793 5535
Columbus 614 224 5057
Corte Madera 415 924 5770
Costa Mesa 714 545 9322
Cranston 401 946 1211
Dallas-Galleria 214 980 9858
Danbury 203 790 5068
Dayton 513 299 9007
Denver-Cherry Creek
303 322 9401
Des Moines 515 243 8881
Destin 904 654 9771
Edina 612 920 2811
Fairfax 703 352 7960
Farmington 203 521 8967
Fort Lauderdale 305 563 2300
Fort Worth 817 346 4666
Freeport 207 865 3300
Germantown 901 756 7036
Gilroy 408 848 5470
Glendale 818 242 0428
Grand Rapids 616 942 6828
Greenville 302 575 1653
Greenwich 203 661 5678
Grosse Pointe 313 886 6960
Hackensack 201 488 0130
Hingham 617 740 4122
Honolulu 808 942 5200
Houston 713 871 9669
Houston/West Oaks
713 558 6113
Indianapolis 317 848 9855
Jacksonville 904 358 7548
Jeffersonville 614 948 2019
Kansas City 816 931 0731
King of Prussia 610 354 9130
Knoxville 615 558 6385
Lake Forest 708 615 1405
Lancaster 717 397 7116
Lexington 606 253 1724
Little Rock 501 666 0272
Los Angeles 310 553 0807
Louisville 502 585 2424
Manhasset 516 365 4634
McLean 703 827 0074
Miami 305 233 8911
Milwaukee 414 347 1930
Minnetonka 612 546 4613
Montgomery 205 284 7011
Myrtle Beach 803 236 4244
Nashville 615 383 0131
New Haven 203 782 9436
New Orleans 504 522 9403
New York City/Westside
212 496 5110
New York City/57th Street
212 752 7300

Newport 401 846 6980
North Bethesda 301 984 3223
Northbrook 708 480 1660
Novi 313 348 9260
Oakbrook 708 572 9195
Oklahoma City 405 848 6252
Omaha 402 390 2085
Orlando 407 351 2785
Osage Beach 314 348 1333
Owings Mills 410 363 2455
Palm Beach 407 832 3188
Palm Beach Gardens
407 624 5901
Palm Springs 619 322 2099
Palo Alto 415 328 0560
Phoenix 602 956 6043
Pittsburgh 412 367 8881
Pittsburgh 412 621 0735
Pleasanton 510 463 8714
Portland 503 224 0703
Prince William 703 474 3124
Princeton 609 683 4760
Raleigh 919 781 1076
Reading 215 373 5495
Redondo Beach 310 542 4436
Richmond 804 740 1406
Ridgeland 601 957 9063
Rochester 507 287 1073
Sacramento 916 923 5696
Salt Lake City 801 363 8408
San Antonio 512 377 2833
San Diego 619 234 0663
San Diego 619 452 6116
San Francisco 415 788 0190
San Marcos 512 396 5570
Santa Ana 714 834 1211
Santa Barbara 805 682 8878
Santa Clara 408 244 3551
Scarsdale 510 947 5920
Schaumberg 708 619 9110
Seattle 206 343 9637
Secausus 201 863 3066
Short Hills 201 467 5657
Skokie 708 673 6604
Southampton 516 287 2104
Stamford 203 324 1067
Stony Brook 516 689 6622
St Augustine 904 823 9533
St Louis 314 993 4410
Tampa 813 253 2177
Towson 410 825 0362
Troy 810 649 0890
Tulsa 918 749 5001
Walnut Creek 510 947 5920
Washington 202 338 5481
Westport 203 226 7495
Williamsburg 804 229 0353
Williamsburg 319 668 1555
Winston Salem 919 760 3733
Winter Park 407 740 8900
Woodbury 516 367 2810
Woodland Hills 818 346 7560
Worthington 614 433 9011

MUTTER-UND-KIND-LÄDEN
Birmingham 205 987 7566
Chestnut Hill 617 965 5687
Denver-Cherry Creek
303 322 9403
Farmington-Hartford
203 5614870
Hackensack-Riverside
201 342 1222
Houston 713 622 2262
Kansas City 816 931 2810
King of Prussia 610 354 9137
Princeton 609 683 1300
Redondo Beach 310 542 6228
Schaumberg 708 240 1910
Short Hills 201 467 5657
Stamford 203 359 9902
Tulsa 918 749 5063
Walnut Creek 510 947 3932

RAUMGESTALTUNG
Alexandria 703 739 2144
Ardmore 215 896 8293
Atlanta 404 842 0102
Boston 617 357 5151
Burlingame 415 344 1774
Costa Mesa 714 545 7927
Dallas 214 691 6871
Kansas City 816 531 8971
New York City 212 735 5000
Ridgewood 201 670 0868
Short Hills 201 564 9600
Washington 202 686 1200

KANADA
Willowdale 416 223 9507
Calgary, Alberta 403 269 4090
London, Ontario 519 434 1703
Montreal 514 284 9225
Ottawa 613 238 4882
Quebec 418 659 6660
Sherway Gardens, Etobicoke
416 620 7222
Toronto 416 922 7761
Toronto-Yorkdale
416 256 2040
Vancouver 604 688 8729
Winnipeg 204 943 3093

ÖSTERREICH
Graz 0316 844398
Innsbruck
0152 579254/579257
Linz 070 797700
Salzburg 0662 840344
Wien 01 5129312

BELGIEN
Antwerpen 03 2343461
Brügge 050 349059
Brüssel (nur Kleider)
02 5112813
Brüssel (nur Raumausstattung)
02 5120447
Gent 092 240819

FRANKREICH
Paris
94 rue de Rennes 1 45 48 43 89
95 rue de Raymond Poincaré
1 45 01 24 73
261 rue Saint Honoré
1 42 86 84 13
Galeries Lafayette, 40 bld Haussmann zweiter Stock (nur Kleider) 1 42 82 34 56 fünfter Stock (nur Raumausstattung) 1 42 82 04 11
Au Printemps, 64 bld Haussmann zweiter Stock (nur Kleider) 1 42 82 52 10 siebter Stock (nur Raumausstattung) 1 42 82 44 20
Au Printemps, Centre Commercial Vélizy Avenue de l'Europe, Vélizy, Villacoublay Niveau 2 (Kleider und Raumausstattung) 1 30 70 87 66
Au Printemps, Centre Commercial Parly 2 Avenue Charles de Gaulle, Le Chesnay Niveau 1 (nur Raumausstattung) 1 39 54 22 44 Niveau 2 (nur Kleider) 1 39 54 22 44
Aix-en-Provence 42 27 31 92
Bordeaux 56 44 10 30
Clermont-Ferrand 73 31 22 05
Dijon 80 30 04 44
Lille 20 06 90 06
Lyon 78 37 18 19
Montpélier 67 60 75 75
Nancy 83 35 21 09
Nantes 40 73 17 18
Nizza 93 16 06 93
Rouen 35 70 20 02
Straßburg 88 75 18 90
Toulon 94 21 89 58
Toulouse 61 21 38 85

DEUTSCHLAND
Augsburg 08 21 / 15 40 21
Berlin (nur Raumausstattung)
0 30 / 8 82 62 01
Berlin (nur Kleider)
0 30 / 8 82 49 34
Berlin (KaDeWe)
0 30 / 2 18 30 16
Bielefeld 05 21 / 17 71 88
Bonn 02 28 / 65 49 08
Bremen 04 21 / 17 04 43
Köln 02 21 / 2 58 04 70
Dortmund 02 31 / 14 10 09
Düsseldorf 02 11 / 8 64 87 32

Essen 02 01 / 20 04 82
Frankfurt/Main 0 69 / 28 87 91
Hamburg 0 40 / 37 11 73
Hannover 05 11 / 32 69 19
Heidelberg 06 22 / 1 18 98 51
Karlsruhe 07 21 / 2 59 68
München 0 89 / 2 60 82 24
Münster 02 51 / 4 22 72
Nürnberg 09 11 / 2 45 18
Stuttgart 07 11 / 2 26 10 64
Wiesbaden 06 11 / 30 20 86

ITALIEN
Mailand 2 86463532

LUXEMBURG
Luxemburg 221 320

NIEDERLANDE
Amsterdam 020 6228087
Arnheim 085 430250
(026 4430250)
Eindhoven 040 (2)435022
Groningen 050 (3)185060
Den Haag 070 3600540
Maastricht 043 (3)250972
Rotterdam 0104148535
Utrecht 030 (2)313051

SPANIEN
Barcelona 341 25490

SCHWEIZ
Basel 061 2619757
Bern 031 3120696
Genf (nur Kleider)
22 33113494
Genf (nur Raumausstattung)
22 33103048
Zürich 012211394

ASIEN
HONG KONG
SHOPS IN SHOPS
Seibu 852 2801 7849
Sogo 852 2891 1787

JAPAN
Ginza 03 3571 5011
Yagoto 052 836 7086
Kichijoji 0422 21 1203
Jiyugaoka 03 3724 0051
Yokohama LMP
045 222 5308
Shibuya 03 3464 5011
Futako Tamagawa
03 3708 3151
Gifu Melsa 0582 66 3136
Fukuoka Tenjin 092 716 7415

SHOPS IN SHOPS
IN TOKIO
Mitsukoshi Nihonbashi
03 32415617
Mitsukoshi Ikebukuro
03 3987 6074
Tokyu 03 3477 3836
Keio Shinjuku 03 3344 0080
Mitsukoshi Ginza
03 3561 4050
Tobu Ikebukuro 03 3980 0041

SHOPS AUSSERHALB
VON TOKIO
Mitsukoshi Yokohama
045 323 1683
Saikaya Kawasaki
0044 211 8581
Saikaya Yokosuka
0468 23 1234
Chiba Mitsukoshi 0432274731
Mitsukoshi Bandai
025 243 6333
Sapporo Tokyu 011 212 2658
Kintetsu Abeno 06 625 2332
Hankyu Umeda 06 365 0793
Kawanishi Hankyu
0727 56 1622
Mitsukoshi Hiroshima
082 241 5055
Hiroshima Sogo 082 225 2955
Hakata Izutsuya 092 452 2181
Fukuoka Tamaya
092 271 6588
Nagoya Mitsukoshi
052 252 1838
Matsuzakaya Nagoyacki
052 565 4339
Seishin Sogo 078 992 1586
Kobe Hankyu 078 360 7528
Daimaru Kobe 078 333 4079
Tama Sogo 0423 39 2450
Kintetsu Kyoto
075 365 8024/8013
Be Me Machida Daimaru
0427 24 8174
Sanyo Himeji 0792 23 4792
Tenmaya Fukuyama
0849 27 2214
Mitsukoshi Matsuyama
0899 46 4829
Saikaya Fujisawa 0466 27 1111
Matsuzukaya Yokkaichi
0593 551241
Cita Tokiwa 0975 33 1741
Bon Belta Narita
0476 23 3236
Hanamatsu Matsubishi
053 452 2941
Kagoshima Mitsukoshi
0992 39 4635
Saga Tamaya 0952 28 0608
Kintetsu Nara 0742 30 2751
Kokura Izutsuya 093 522 2627

SINGAPUR
SHOPS IN SHOPS
Sogo 65 334 1014
Isetan Scotts 65 735 0495

TAIWAN
SHOPS IN SHOPS
Ta-Lee Isetan 886 7 241 8860
Pacific Sogo 886 2 740 9662
Shin Kong Mitsukoshi
886 2 382 4859

Danksagung

Die Autorin dankt der RoSPA (Royal Society for the Prevention of Accidents) sowie Claire, Robert und Christopher Cooper für ihre Hilfe.

Der Verlag dankt Mary Batten, Jemima Dyson, Chris Churchley, Denize Lohan, Linda Bramble, Kerry Skinner und Martin Sherman für ihre Unterstützung bei der Herstellung des Buchs.

Er dankt auch für Leihgaben für die Fotos: The Conran Shop, Tel. London 0171-589 7401 (Bettdecke, Teppich, bestickte Kissen, Himmelbett, Seite 92–103); Far Away Trading, Tel. London 0171-738 9420 (Metallgarderobe, Kerzenleuchter, Kaffeetisch, Seite 92–103); The Holding Company, Tel. London 0171-352 7495 (Spielzeugkiste Seite 60, Truhe Seite 115, Handtuchhalter und Schränkchen Seite 123); David Shields, Tel. London 0181-858 3534 oder London 0171 731 7913 (3-D-Schiffsbild in gebleichtem Holzrahmen Seite 68).

Die Fotos auf den Seiten 3, 7, 8–9, 10, 13, 15, 16, 19, 35, 37 stammen aus den Laura Ashley Archiven; alle anderen Fotos von Lucinda Symons.

Register